PARIS

PARIS

LEBENSART, KULTUR & IMPRESSIONEN

DUMONT

20

STILLE STUNDE
im Café – in Paris ein Muss

10

MODERNE
trifft auf Denkmal – im Grand Palais

81

MEHR ÜBERBLICK
geht nicht – die Aussicht
VOM Montmartre

78

BYZANTINISCH,
romanisch und doch
ganz 19. Jahrhundert –
Paris mischt
unorthodox alle Stile

38

DIE ÄLTESTE
Steinbrücke über
die Seine – der
Pont Neuf

TAG FÜR TAG EINE NEUE STADT

FRÜHMORGENS WECKT EINE KALTE DUSCHE PARIS – die Stadtreinigung lässt die Rinnsteine fluten. In den Cafés längs der großen Boulevards dampfen Café au lait und Petit noir. Die buttrigen Croissants auf der Theke sind ofenwarm. Küsschen links, Küsschen rechts, man kennt sich, denn in den Quartiers bleibt die Millionenstadt ein Dorf. In den Metrostationen ist das Gedrängel groß – und die Laune gut. Paris elektrisiert. Ein neuer Tag beginnt, an dem sich die französische Hauptstadt als die Metropole des Luxus und der Moden in Szene setzen wird. Dazu gehören die auf Hochglanz gewienerten Messingschilder in den Nobelvierteln zwischen Champs-Élysées und Eiffelturm, dazu zählen die kleinen, feinen Boutiquen im Marais. Abends füllen sich die Terrassen zum Aperitif. Und die Nacht wird lang.

Soweit die bekannten, immer wieder faszinierenden Bilder. Im Osten aber erfindet sich Paris neu. Im In-Viertel SoPi, South Pigalle, brummt´s, seit heruntergekommene Cabarets in coole Livebühnen umgewandelt wurden. In Belleville und Bercy entsteht eine neue Stadt mit futuristischen Bauten und quirligen Ausgehmeilen. Hinterhöfe werden zu Open-Air-Kunstgalerien. Auf der Seine schwebt ein hypermodernes Schwimmbad, dessen Namen einer lokalen Legende die Ehre erweist – Josephine Baker. So bleibt Paris sich beim Sprung in die Zukunft treu.

DAS CENTRE POMPIDOU, dessen farbig gekennzeichnete, außen verlaufende Versorgungsleitungen dem Museum bei der Eröffnung im Jahr 1977 nicht nur Lob und Anerkennung einbrachten, sondern auch manch spöttische Bemerkung: An eine Raffinerie fühlten sich die einen erinnert, an einen »Kühlschrank von hinten« die anderen …

MUSEUMSSCHLOSS

Die französischen Könige residierten bis zum Umzug nach Versailles im Louvre. Aus dem Schloss wurde ein Museum, in dessen Hof eine gläserne Pyramide den Eingang überdacht.

GRAND PALAIS

Moderne Kunst im historischen Rahmen: Zur Weltausstellung im Jahr 1900 gebaut, begegnet man heute unter der 45 Meter hohen, vor einigen Jahren gründlich renovierten Glaskuppel des Grand Palais Werken zeitgenössischer Künstler wie Christian Boltanski, Daniel Buren, Anish Kapoor, Anselm Kiefer und Richard Serra. Die Ausstellungen wechseln, das Palais bleibt unverändert grandios. Und im Westflügel wartet auch noch der 1937 von Jean Perrin, einem Nobelpreisträger für Physik, ins Leben gerufene ›Palast der Entdeckung‹ auf neugierige Entdecker (auch Entdeckerinnen, versteht sich).

LEBENSLUST

Der Tag ist schon alt, aber die Nacht noch jung – und lang wird sie sowieso. Da kann mancher vorher eine Stärkung vertragen – im Café de l'Homme etwa, das mehr noch als für seine Küche für seine atemberaubend schöne Aussichtsterrasse berühmt ist.

RAUMSCHIFFARCHITEKTUR

Noch über 30 Jahre nach der Eröffnung wirkt das Centre Pompidou wie ein Raumschiff, das im Stadtzentrum gelandet ist. Von der Dachterrasse schweift der Blick über die gesamte Stadt.

JUGENDSTIL

Art Nouveau, neue Kunst, heißt die französische Variante des Jugendstils. Florale Muster und wuchernde Formen sind die Merkmale. Zum coolen Design des 21. Jahrhunderts passt's trotzdem.

lundi vendredi
13h - 18h30
TELEPHONE

DAS ZENTRUM

Paris ist viel mehr als nur die Hauptstadt des Landes – es ist das Herz der *grande nation*. Besonders stark pocht dieses Herz im politischen Zentrum rund um den Élysée-Palast, erfüllt mit überschäumender Lebensfreude die Grands Boulevards und belebt den Noblen Westen ebenso wie die historische Mitte. Selbstverständlich schlägt dieses Herz in einer stolzerfüllten Brust, und das mit gutem Grund: Paris vereint zur Schau getragenen Luxus und staatstragenden Pomp, prunkt mit weltweit führenden Museen wie dem Louvre, ist zukunftsgewandt und bezaubernd gestrig zugleich: eine Weltmetropole, die, auf den Plätzen und Gassen der Seine-Inseln etwa, fast dörflich wirken kann.

FAST ZWEI JAHRHUNDERTE wurde an Notre-Dame gebaut, die die Île de la Cité und damit die Wiege der Stadt beherrscht. Um 1330 war das gotische Wunderwerk vollendet, das wie kein anderes Bauwerk mit der Geschichte von Paris und der ganz Frankreichs verbunden ist.

Salade charbon
Quiche artichauts tomates séchées
Chicken wings
Chou rouge
Plat du jour 14
Côte de veau forestière
PdeT sautées
PROMOS
MOJITO
CAIPIRINHA
VIN DU MOIS
COCKTAIL JOUR
PUNCH CHARBON VANILLE
PUNCH PLANTEUR
VODKA FRAISE
TI PUNCH VIEUX

HIER LÄSST ES SICH ENTSPANNT PLAUDERN. Das Interieur wirkt wie ein Überbleibsel aus der Belle Époque, ist jedoch die gelungene Neuinszenierung eines Pariser Mythos – des Cafés.

DAS HERZ DER GRANDE NATION

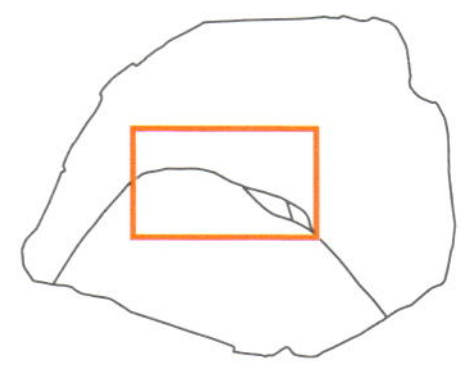

Der erste Weg führt in Paris unweigerlich in ein Café, je nach Ankunft auf einen *café au lait* mit buttrigem *croissant* (morgens), einen *petit noir* (immer) oder einen *petit noir serré* – mit dem extrastarken Schwarzen lässt sich auch spät abends die Müdigkeit erfolgreich bekämpfen. Paris schläft sowieso nicht. Morgens wird die Stadt mit einem kräftigen Wasserstrahl aus dem gefluteten Gulli geweckt. Tagsüber ist *tout Paris* damit beschäftigt, die Metropole des Luxus und der Moden bis hin zur kleinsten Geste in Szene zu setzen. Abends füllen sich die Terrassen zum Aperitif. Und die Nacht wird lang, Weltstadt *oblige*.

PARIS IST IMMER FÜR EINE ÜBERRASCHUNG GUT Als Besucher lässt man sich am besten im Sog mittreiben. Das Umherbummeln wird einen selbst beim wiederholten Parisaufenthalt immer wieder in Viertel führen, die man zuvor noch nie betreten hat. *En passant* lockt vielleicht das an Edith Piaf erinnernde Gesicht einer Kellnerin ins Bistro. Oder man verweilt einen Augenblick vor einer skurrilen Auslage – bei einem Kostümverleiher in der Passage Brady etwa.
Aber Paris ist nicht nur in seinen vielen versteckten Winkeln, sondern auch auf den prachtvollen Grands Boulevards oder im hippen Marais immer für eine Überraschung gut. Die Türschilder sind Hochglanz gewienert. Die Gravuren im Messing lesen sich wie ein ABC der eleganten Welt: Dior, Ferré, Hermès oder Issey Miyake. Man meint sich auszukennen – und strandet unversehens vorm Musée du Quai Branly, einem Ufo mit hängenden Fassadengärten. Reckt den Hals unter der Kuppel des über lange Jahre gesperrten Grand Palais, schwingt sich an den Champs-Élysées im futuristischen Showroom von Citroën über eine Wendeltreppe durch die Automobilgeschichte. Die Zukunft hat im Westen, dem in all seiner historischen Pracht schon die Musealisierung drohte, einen neuen Anlauf genommen.

EIN 80 HEKTAR GROSSER HOCHHAUSWALD umgibt die Grande Arche. Mit dem offenen, wie ein monumentales Stadttor wirkenden Würfel wurde zum 200. Jahrestag der Französischen Revolution die Sichtachse der Champs-Élysées nach Westen in das Büroviertel verlängert.

EINE STADT IM AUFBRUCH Im Osten erfindet sich Paris gerade neu, damit die Stadt bleibt, was sie ist: der kulturelle und politische Nabel Frankreichs, die erste Anlaufstätte für die Internationale der Stadttouristen. Der Gassencharme von Montmartre verfängt noch immer. Die Neons am Moulin Rouge leuchten wie gewohnt knallrot. Doch Radfahrer flitzen auf neu, eigens für sie angelegten Wegen vorbei, und das neue In-Viertel ›SoPi‹, South Pigalle, liegt nur einen Steinwurf von den French-Cancan-Shows entfernt.
In Belleville und Bercy, ganz im Osten der Stadt, entsteht auf Industriebrachen und verlassenen Hafenanlagen gleich ein ganz neues Paris. Grüne Dachlandschaften stehen für ökologisches Bauen. Ein Fußgängersteg über die Seine ist zugleich Open-Air-Kunstgalerie. Auf dem Wasser schwimmt ein futuristisches Schwimmbad – mit coolem Café. Man möchte sofort eintauchen. Am besten machen wir uns gleich mal auf den Weg.

VOM ÉLYSÉE-PALAST ZUR AVENUE DES CHAMPS-ÉLYSÉES Die Rue du Faubourg St-Honoré, an einem Tag wie so viele andere. Gendarmen in Paradeuniform patrouillieren vor den Luxusboutiquen von Couturiers, Juwelieren und Inneneinrichtern. Für kurze Zeit bebt der Asphalt unter der Kolonne bulliger BMW-Motorräder: Die Garde Républicaine geleitet einen hohen Staatsgast zum Palais de l'Élysée, dem Sitz des französischen Präsidenten. Seit Monsieur le Président Nicolas

Sarkozy heißt und das attraktive Ex-Model Carla Bruni geheiratet hat, richten sich die Kameras der Pressefotografen und Fernsehteams allerdings seltener auf den Ehrenhof, in dem Nicolas Sarkozy seine Gäste empfängt. Das Interesse gilt eher den Fenstern der Privatgemächer des Präsidentenpaares. Soweit nichts Neues unter der französischen Sonne, also. Das Palais war im 18. Jahrhundert die Bleibe der königlichen Mätresse Madame Pompadour. Schon damals interessierte man sich in ganz Paris mehr für die amourösen Abenteuer des Königs als für die Geschicke des Landes.

PLATZHIRSCHE DES LUXUS Rund um den präsidialen Amtssitz reihen sich nur erste Adressen, darunter die Botschaften und Konsulate etlicher Staaten. Kurze Wege kennzeichnen das Zentrum der Macht. Gegenüber dem Élysée-Palast liegt das Innenministerium. Zum Verteidigungsministerium oder der Nationalversammlung ist es ebenfalls nur ein Katzensprung über die Seine. Die Gärten des Élysée-Palasts reichen bis an die Parkanlagen auf der Nordseite der Avenue des Champs-Élysées. Die vielleicht berühmteste Prachtmeile der Welt hat nach der Neugestaltung Mitte der 1990er-Jahre etwas vom alten Glanz zurückgewonnen. Aber längst behaupten sich neben den Platzhirschen des Luxus wie Guerlain oder Vuitton die Stores internationaler Ketten wie Gap oder Virgin. Kein Wunder, dass die

ZENTRUM DER MACHT: Das Palais de l'Élysée in der Rue du Faubourg St-Honoré 55–57 ist seit dem Jahr 1873 der Amtssitz des französischen Staatspräsidenten. Errichtet wurde der damals noch vor den Toren der Stadt liegende Palast bereits im Jahr 1718 als Landsitz des Comte d'Evreux.

DISKRETER LUXUS: IM SEIZIÈME WOHNT ES SICH STILVOLL

Musik für die Schönen und Reichen trotz durchschnittlicher Mieten von 7364 Euro pro Quadratmeter längst woanders spielt: etwa in der Avenue Montaigne. Denn kaum ein Haute-Couture-Haus möchte es sich nicht leisten, in der vornehmen Seitenstraße der Champs-Élysées vertreten zu sein, die meisten davon – wie zum Beispiel Dior – gleich mit dem Stammsitz.

PARISER FEINKOST Die besten Trüffel, einerlei ob *truffes noirs* aus dem Périgord oder *truffes blanches* aus dem Piemont? Gibt es in der Maison des Truffes an der Place de la Madeleine. Die exquisiteste Auswahl feinster Gänseleberpasteten, Petits Fours und edler Tropfen kauft *tout Paris* gleich nebenan, entweder bei Fauchon oder Hédiard. Bei Letzterem übrigens seit über 130 Jahren! Berühmt für raffinierte Schokoladenkreationen ist die Boutique La Marquise de Sévigné. Caviar Kaspia lädt im eigenen Salon zur Verprobung des sündhaft teuren Kaviars ein, und für die federzarten Macarons von Ladurée reist man aus der tiefsten französischen Provinz zur Place de la Madeleine.

VOM CHARME DER BOURGEOISIE Mehr Prestige als das Dreieck zwischen den Champs-Élysées, der grünen Weite des Bois de Boulogne und der Maison de Radio-France hat kein anderes Viertel von Paris. Soll heißen: Wer im Seizième wohnt, dem 16. Arrondissement, der hat es geschafft. Champagnerweiße Fassaden, wie mit der Maniküreschere zurechtgestutzte Vorgärten und auf Hochglanz gewienerte Messingschilder versprühen den diskreten Charme der Großbourgeoisie. In den ›Palaces‹, wie die Pariser Grandhotels angesichts des gebotenen Luxus mit Fug und Recht genannt werden, tummelt sich die Internationale der *happy few* – Ölscheichs, Moskauer Rubeladel, amerikanische Dollarprinzessinnen, Hollywoodstars, indische Fürsten, Industriekapitäne und die Potentaten des Internetzeitalters.

Nicht jede Geschichte aus der Glamourwelt endet glücklich. Wo die Avenue de New York in einem Tunnel verschwindet, erhebt sich eine vergoldete Flamme. Es handelt sich um eine Replik jener Flamme, die die Freiheitsstatue von New York emporhält. Blumengestecke oder einzelne Rosen sind um die Flamme drapiert. Denn an genau dieser Stelle verunglückte am 31. August 1997 Lady Di tödlich an Bord der chauffeurgesteuerten Limousine – kurz zuvor war die Prinzessin von Wales mit ihrem Gefährten Dodi al-Fayed aus einem nahe gelegenen Palace aufgebrochen.

KUNSTWELT, WELTKUNST Ob Grand Palais oder Palais de Tokyo: Paris ist reich an architektonischen Hinterlassenschaften der Weltausstellungen, die die französische Hauptstadt

DIE BESTELLUNG fürs Menü kann von 12 bis 19 Uhr aufgegeben werden, den passenden Wein gibt es glasweise, und der Service ist vergnügt. In netten, kleinen Bistros wie dem Sorza auf der Île St-Louis beweist sich Paris als Fest für die Sinne. Museen und Denkmäler? Können bis zum Espresso warten.

vom Ende des 19. bis zur Mitte des 20. Jahrhunderts ausgerichtet hat. Wie aber die monumentalen Bauten dauerhaft nutzen, abgesehen natürlich vom Eiffelturm, der zum Wahrzeichen und Touristenmagnet der Stadt avancierte? Paris wäre nicht Paris, wenn nicht die Liebe zum schönen Exponat über ins Spiel gebrachte Abrisspläne gesiegt hätte. Die Umwidmung des jüngst grundsanierten, für die Weltausstellung 1900 erbauten Grand Palais in einen Veranstaltungsort für Kunst- und Antiquitätenmessen sowie Sonderausstellungen oder die neuerliche Nutzung des für die Weltausstellung von 1937 errichteten Palais de Tokyo als flippiges Zentrum für Experimentalkunst beweisen, dass die Stadt die Rolle als in die Welt leuchtende Kunstmetropole weiterhin ernst nimmt.

Aber auch ohne die Relikte der Weltausstellungen wäre Paris reich mit prunkvollen Bauwerken gesegnet, die zu Museen umgewidmet wurden. Schon Ludwig XIV. nutzte das zugunsten von Versailles in der Stadtmitte aufgegebene Schloss als Ausstellungs- und Aufbewahrungsort seiner Gemäldesammlung. 1793 wurde im Louvre das Muséum central des Arts gegründet. Im ›Zentralen Museum der Künste‹ kam die auf den Feldzügen Napoleons nach Paris verbrachte Beutekunst unter. Nach Napoleons Fall im Jahr 1815 wanderten die Werke in ihre Herkunftsländer zurück. Die Lücken in den Sammlungen wurden konsequent gefüllt.

DEM REIZ DER ANTIKENSAMMLUNG des Louvre entgeht man nicht. Grabmäler, Skulpturen oder Schmuck stammen aus der Zeit um 6000 v. Chr. bis zum Römischen Reich. Publikumsmagnete sind die berühmtesten Griechinnen der Antike – die »Venus von Milo« und die »Nike von Samothrake«.

DIE ELEGANTE GARE D'ORSAY wurde zur Weltausstellung 1900 am 14. Juli, dem französischen Nationalfeiertag, eröffnet. Seit dem Umbau durch Gae Aulenti bewährt sich der ehemalige Bahnhof als kongenialer Ort für das Museum des 19. Jahrhunderts.

DAS LÄCHELN DER MONA LISA Der Louvre ist nicht nur dank Highlights wie Leonardo da Vincis nach wie vor mysteriös lächelnder »Mona Lisa« das meistbesuchte Museum der Welt. Seit der Neugestaltung in den 1980er-Jahren heißt das Museum Grand Louvre.
Ebenso lange schon betritt man das radikal neugeordnete Museum durch ein unterirdisches Foyer in der zu den Tuilerien offenen Cour Napoléon. Über dem Foyer wölbt sich die gläserne Pyramide des sino-amerikanischen Architekten Pei. Die Verjüngungskur war ein voller Erfolg. Mehr als acht Millionen Besucher werden jährlich verzeichnet.
Der Umbau des stillgelegten Orsay-Bahnhofs in der Rive Gauche zum Museum für die Kunst des 19. Jahrhunderts vor gut 30 Jahren stieß anfangs auf Skepsis. Das Konzept von Gae Aulenti ging freilich auf: Der Bau aus der Belle Époque bildet einen kongenialen Rahmen für die dort gezeigten Werke von Degas, Monet, Manet oder Gauguin. Auf den Gegensatz von Barock und Moderne setzt hingegen die Nutzung des 350 Jahre alten Hôtel Salé als Musée national Picasso Paris im Osten der Stadt. Doch auch der Westen wagt ganz Neues: Mit dem 2008 in einem spektakulären Neubau eröffneten Museum am Quai Branly, für das Stararchitekt Jean Nouvel verantwortlich zeichnete, richtet sich der Blick weit über die Grenzen Frankreichs hinaus. Ausgestellt wird die Kunst Afrikas, Asiens, Ozeaniens und Amerikas. Und wieder hat die Welt einen Grund mehr, nach Paris zu pilgern.

FEST DER GOTIK UND OASE DER RUHE

DER NABEL VON PARIS Ein Bronzestern vor Notre-Dame markiert nicht nur das Zentrum von Paris, sondern auch den Nabelpunkt Frankreichs. Seit dem Mittelalter werden von diesem Punkt auf der Seine-Insel Île de la Cité die Entfernungen zu allen französischen Städten berechnet. Und noch heute gibt der Guide Michelin in vielen Fällen als erste Information zum irgendwo in der Provinz empfohlenen Restaurant die Entfernung nach Paris an.

Die Besuchermassen, die geduldig vor der Kathedrale Schlange stehen, kennen nur ein Ziel: die Panoramaterrasse des 69 Meter hohen Südturms, von der der Blick über das filigrane gotische Gebirge, die Seine und *tout Paris* schweift.

Geduld ist gefragt, bevor es die 400 Stufen hochgeht. Notre-Dame ist Frankreichs meistbesuchte Sehenswürdigkeit und zieht mit geschätzten 13 Millionen Besuchern pro Jahr doppelt so viele Bewunderer an wie der Eiffelturm. Kein die Wege der *grande nation* weisendes Ereignis, das nicht in Notre-Dame feierlich besiegelt worden wäre: Ludwig IX., genannt der Heilige, ließ in der Kathedrale die vermeintliche Dornenkrone Jesu deponieren. Die als Ketzerin verbrannte Jeanne d'Arc wurde im Gotteshaus rehabilitiert. Napoleon setzte sich im Jahr 1804 in Notre-Dame selbst die Kaiserkrone auf, und im August 1944 wurde die Staatsmesse zur Befreiung Frankreichs selbstverständlich ebenfalls in Notre-Dame abgehalten.

VOM ZAUBER DES AUGENBLICKS Kaum zu glauben, dass keine 500 Meter von Notre-Dame entfernt Boulekugeln unter Kastanienbäumen klacken: *Bienvenue* auf der Place Dauphine. Der mit forstgrün lackierten Doppelbänken, einer Handvoll Bistros, dem leicht angeschrammelten Hôtel Henri IV und einer Buchhandlung möblierte Platz könnte, wüsste man's nicht besser, ebenso irgendwo in der Provinz liegen. Halt, nein, dafür sind die Boulespieler eine Spur zu chic gekleidet. Die meisten dürften wohl aus dem nahen Justizpalais stammen und nutzen die Mittagspause, um mit lässig über die Schulter geworfener Krawatte eine Partie zu spielen.

Auch das bietet die von Besuchermassen bisweilen fast erstickte, ach so staatstragende historische Mitte von Paris – kleine Momente des Glücks und intime Winkel. Mehr noch als auf der Île de la Cité stehen die Chancen auf der benachbarten Île St-Louis gut, auf eine stille Idylle im Windschatten der Macht zu stoßen. Vielleicht rankt sich eine uralte Kletterrose die Etagen hoch, vielleicht huscht eine Katze durchs Bild. Oder vielleicht passiert auch nichts. Gewiss ist nur eins: Mit an Sicherheit grenzender Wahrscheinlichkeit erliegt man dem Zauber des Augenblicks.

OBEN I IM ZENTRUM der mit 13 Meter Durchmesser riesigen, 1255 vollendeten Fensterrose des nördlichen Querschiffes der Kathedrale Notre-Dame de Paris thront Maria mit dem Kinde, umgeben von 80 alttestamentarischen Szenen. UNTEN I WIE EIN STRAHLENKRANZ fächern sich die Strebepfeiler des Chors, die Jean Ravy im 14. Jahrhundert schuf. Der Name des Steinmetzes, der auch Teile des Lettners entworfen hat, ist dank einer Signatur überliefert. Erst aus dem 19. Jahrhundert stammt der spitze, 90 Meter hohe Vierungsturm, den der damalige Staatskonservator Viollet-le-Duc Notre-Dame aufsetzen ließ.

URSPRÜNGLICH SOLLTE der 1889, anlässlich der 100-Jahr-Feier der Französischen Revolution errichtete Eiffelturm nur 20 Jahre stehen bleiben – doch der Erfolg des knapp 300 Meter hohen Turms bei Touristen und Einheimischen sprach dagegen. Bei nächtlicher Beleuchtung könnte man fast vergessen, dass für das Pariser Wahrzeichen 7300 Tonnen Stahl verbaut wurden.

BAUKUNST IN ROT

Das Musée des Monuments Français, eines von drei Museen in der Cité de l'Architecture et du Patrimoine, widmet sich der französischen Baukunst. Allein die farbenfroh präsentierte Abgusssammlung im Erdgeschoss lohnt den Besuch.

ALS SIXTINA DES IMPRESSIONISMUS wurde das Musée de l'Orangerie schon gerühmt, wegen Monets legendären Seerosenbildern.

UNTER DEM MUSEUM DER WALD: Beim Musée du Quai Branly ist nicht nur die Fassade ein hängender Garten, sondern auch das Gelände rundherum eine grüne Oase.

NIKI WAR HIER, Niki de Saint Phalle. Und nicht nur das, sie hat auch gemeinsam mit Jean Tinguely etwas hinterlassen: die Fontaine Stravinsky am Centre Pompidou.

SIEHT AUS WIE ein verunglücktes Flugzeug aus Pappmaché, ist aber – zweifellos moderne – Kunst: im Palais de Tokyo.

MONET UND RODIN, »MONA LISA« UND DIE »GROSSE ODALISKE«

MONETS SEEROSENBILDER entstanden zwar im Garten des Impressionisten im normannischen Giverny, hängen jedoch im Musée de l'Orangerie. Große Kunst, so das Verständnis der *grande nation*, gehört nach Paris, erst recht die französischer Künstler. Ingres' »Große Odaliske«? Hängt im Louvre. So wie die »Mona Lisa« des Wahlfranzosen da Vinci. Auch Rodins Hauptwerke sind in Paris konzentriert. Mit avantgardistischen Museumskonzepten wird der Kunststandort an der Seine verteidigt. Die momentan innovativste Adresse der Gegenwartskunst ist der Site de Création Contemporaine im Palais de Tokyo. Als Publikumsmagnet unter den Neubauten hingegen hat sich das Musée du Quai Branly entwickelt, dessen spektakuläre Architektur ebenso lockt wie die ethnologischen Sammlungen. Fortsetzung folgt mit der Cité de la Mode et du Design, bei der ein urpariserisches Thema im Vordergrund steht – die Mode.

»LE PENSEUR« zählt zu Rodins bekanntesten Werken. Von 1908 bis zu seinem Tod 1917 lebte der Bildhauer im feudalen Hôtel Biron. Das Barockpalais dient heute als Musée Rodin: »Der Denker« ist Teil der Sammlung.

MEHR ALS ACHT MILLIONEN BESUCHER im Jahr zählt der Grand Louvre, das Zugpferd unter den Pariser Museen, von dessen Wänden Leonardo da Vincis »Mona« lächelt und die »Große Odaliske« von Jean-Auguste Dominique Ingres ihren anmutigen Rücken zeigt. 1819, fünf Jahren nachdem er die orientalische Schönheit gemalt hatte, hielt Ingres Leonardo da Vincis Tod in Öl fest. Das Gemälde hängt nicht im Louvre – ausnahmsweise.

OBEN | DIE ÄLTESTE und mit 330 Metern zugleich längste der alten Seine-Brücken von Paris heißt sinnigerweise ›Neue Brücke‹ (Pont Neuf) und wurde in den Jahren 1578 bis 1607 errichtet. UNTEN | EINER HAUPTSTADT WÜRDIG sollte sie sein, die mächtige Notre-Dame von Paris, hier die monumentale Hauptfassade, deren Grundsteinlegung im Jahr 1163 erfolgte. RECHTS | AM VORPLATZ der Kathedrale gibt es immer etwas zu sehen. Gotische Baukunst in Vollendung sieht man, wenn man näher tritt an der Westfassade mit Mittel- oder Weltgerichtsportal.

Coca-Cola

OBEN I WER EINMAL mit dem Wagen in den Verkehrsstrudel um den Arc de Triomphe geraten ist, muss die Nerven bewahren. Der von Blechlawinen umtoste Platz erfordert vom Fahrer höchste Konzentration. LINKS I EINEN GANG RUNTERSCHALTEN oder gleich den inneren Motor abschalten kann man im Schatten des Arc de Triomphe ebenfalls. Dazu genügt es, die Champs-Élysées bis in die Tuilerien runterzubummeln. Ein freier Stuhl zum Entspannen findet sich in der Parkanlage immer.

AUCH DAS TREPPENHAUS der Opéra Garnier kann sich sehen lassen. Von gelegentlichen Operngastspielen abgesehen ist das nach seinem Architekten Charles Garnier (1825–1898) benannte Opernhaus heute Heimstatt des hauseigenen Ballet de l'Opéra de Paris.

DER ÜBERLADENE POMP des Second Empire entlädt sich in der Opéra Garnier. Details wie Wandmalereien, Mosaik, Stuck verschwinden im Blattgoldrausch – ein Opernglas hilft weiter.

INTERNATIONAL GEFEIERTE BALLETTMEISTER wie Maurice Béjart oder John Neumeier gaben und geben regelmäßig Gastspiele auf der Bühne des Ballet de Paris.

DER TANZPALAST Von außen, von der Avenue de l'Opéra aus gesehen, ahnt man die gewaltigen Dimensionen der Opéra Garnier, deren Grundfläche mehr als 11 237 Quadratmeter groß ist.

EINE OPER FÜR DEN KAISER

GENAUGENOMMEN VERDANKT PARIS sein prächtiges Opernhaus einem traurigen Umstand: Auf Kaiser Napoleon III. und seine Frau wurde im Januar 1858 vor der alten Oper ein Attentat verübt. Das schreckliche Unglück forderte acht Todesopfer und zahlreiche Verletzte, der Kaiser blieb unversehrt. Die enge Bebauung des Viertels und die unübersichtliche Umgebung der alten Oper wurden unter anderem für das Attentat verantwortlich gemacht. Damit sich Ähnliches nicht wiederholen konnte, ließ der Kaiser gleich das ganze Viertel neu ordnen und verfügte den Bau eines neuen, frei stehenden Opernhauses. Obwohl für den repräsentationshungrigen Herrscher erbaut, wurde die Opéra Garnier 1875 ohne ihren Bauherrn eingeweiht: Napoleon III. befand sich seit seiner Niederlage von 1870 bereits im Exil.

NEIN, DAS IST NICHT DER SPIEGELSAAL von Versailles, der kommt später. Das ist das Foyer der in den Jahren 1862 bis 1875 errichteten Opéra Garnier – damals das größte Opernhaus der Welt.

OBEN | EINE NEUE TASCHE? Brauchen Sie unbedingt. Die alte – vom letzten Jahr – taugt doch schon lange nichts mehr, und wo einem so viel Schönes wird beschert – wie hier bei Nina Ricci in der Avenue Montaigne/ Ecke Rue François 1er –, das ist nun wirklich eine Shoppingsünde wert. RECHTS | GETRAGEN WIRD DAS KLEINE SCHWARZE dann nicht etwa nur in der Oper, sondern gern auch unter den Arkaden der Rue de Rivoli.

ROLEX
ARCELINA

RELIURE
LIBRAIRIE ANCIENNE & MODERNE
LIBRAIRIE
ANCIENNE
MODERNE

DUMONT EXTRA

PASSAGEN

SHOPPING-PARADIESE

JEDE PASSAGE ist eine Warenwelt für sich. In der Galérie Vivienne (links) bestimmen schicke Boutiquen und alteingesessene Läden wie die Librairie Ancienne et Moderne das Angebot. Coole Designläden sind hingegen das Aushängeschild in den Galerien des Palais Royal (oben).

WEIT ÜBER HUNDERT PASSAGEN hat Paris einmal gezählt. Anfang des 19. Jahrhunderts nahmen die mit Läden, Cafés und Ateliers bestückten, mit filigranen Glas- und Stahlkonstruktionen überdachten Passagen das Kaufhaus vorweg. Und noch immer ziehen sich einige Dutzend Passagen durch die Viertel auf dem rechten Seine-Ufer, allen voran durch das 2. Arrondissement. Selbst bei Dauerregen gelangt man trockenen Fußes von der feinen Rue de Rivoli über die trubeligen Boulevards bis vor den volkstümlichen Montmartre-Hügel. Ein Bummel durch die Ladenwelt des vorletzten Jahrhunderts ist jedoch auch bei strahlendem Sonnenschein ein Muss – der blaue Himmel leuchtet ohnehin durch die Glasüberdachung.

Zuerst begegnen wir dem Charme der 1840er-Jahre, den die diskrete Galérie Véro-Dodat über die Zeiten gerettet hat. Messing schimmert matt an den Scheibenfassungen, die Ladenlokale scheinen sich seit Generationen nicht verändert zu haben.

GRANDS MAGASINS heißen die Warentempel, deren Markenzeichen nicht selten eine Kuppel ist. Glanzvoller als die Galéries Lafayette empfängt allerdings kein anderes Pariser Kaufhaus seine Kunden.

Streng geben sich danach die Galerien am Palais Royal. Wuchtige Kolonnaden sorgen für Ordnung zwischen der Boutique des Modedesigners Marc Jacobs, sündhaft teuren Spielzeugläden und der denkmalgeschützten Pracht des Feinschmeckertempels Le Grand Véfour.

Prächtige Stuckbögen und bunte Mosaikböden kennzeichnen die Galérie Vivienne. Beim eleganten Warenangebot setzt man auf die Nähe zur Modewelt an der Place des Victoires.

Erfrischend unaufgetakelt wirkt hingegen die Galérie des Panoramas. 1817 bekam sie die erste Gasbeleuchtung von Paris, heute dümpelt sie im Schummerlicht altersschwacher Neons vor sich hin. Erst die Passage Jouffroy jenseits des Boulevard de Montmarte verspricht wieder Lichtblicke, gefolgt von der Galérie Verdeau, in der Musikinstrumentehändler den Ton angeben. In der Passage des Jacobins gleich hinter der Place Vendôme endet unser Weg zurück zum Ausgangspunkt: Als ultramoderne High-Tech-Version mit Showroom für Luxusautos und coolen Bars erleben die Passagen gerade eine Renaissance. Mitgebaut an der gläsernen Pracht hat Stararchitekt Ricardo Bofill, Fortsetzung folgt.

ADRESSEN

Galérie Véro-Dodat, 19, rue Jean-Jacques Rousseau
Galerien am Palais Royal, 21, bis rue Molière
Galérie Vivienne, 5, rue de la Banque
Galérie des Panoramas, 8, rue Saint-Marc
Passage Jouffroy, 10, boulevard Montmartre
Galérie Verdeau, 6, rue de la Grange Batelière
Passage des Jacobins, 51, place du Marché Saint-Honoré

ÜBER MEHRERE GEBÄUDE verteilt sich Kenzo. Im Zentrum steht das Immeuble Kenzo, der Flagshipstore im ehemaligen Samaritaine-Kaufhaus in der Rue du Pont Neuf 1.

COLETTE heißt der tonangebende *concept store* in der Rue St-Honoré 213. Gepredigt wird dem modesüchtigen Volk ein sündhaft teurer Minimalismus. Eine *waterbar* gehört auch dazu.

SPEZIALISIERUNG lautet das Geschäftsgeheimnis von Photo Verdeau in der Passage Jouffroy. Beim Händler für historische Fotos wird man auch bei alten Parisaufnahmen fündig.

FLANIEREN und dabei in alten Büchern stöbern ist ein Pariser Volkssport, seit es die Bouquinisten an den Seine-Kais gibt. Trouvaillen sind selten, aber Anschauen kostet schließlich nichts.

TRÈS CHIC: Design in der Küche. Schließlich ist Frankreich das Land der Genießer, und Paris ihr Mekka. Mit dem entsprechend stylischen Gerät zubereitet schmeckt's noch mal so gut – garantiert.

KANN ES ETWAS ENTSPANNENDERES GEBEN, als bei schlechtem Wetter unter dem Glasdach einer Passage ganz gemütlich von Boutique zu Boutique zu bummeln? *Non, non* und nochmals *non!*

Joe David Brown
Frauen

LA RIVE GAUCHE

»Rive Gauche« nannte Yves Saint-Laurent seine erste Prêt-à-porter-Boutique, die er im Jahr 1966 in St-Germain-des-Prés eröffnete. Der Name war Programm. So aufregend und unkonventionell wie das linke Seine-Ufer, La Rive Gauche, sollte auch die neue Linie werden. Und sie wurde es. Bis in die 1970er-Jahre gab Yves Saint-Laurent alle Modetrends vor. Ebenso lange währte die intellektuell-künstlerische Hochblüte von St-Germain-des-Prés, während im benachbarten Quartier Latin die Sorbonne zum geistigen Brennpunkt der französischen Studentenbewegung wurde. Hier wie dort aber und als ferne Erinnerung vielleicht sogar noch ein bisschen am Montparnasse lebt der Mythos fort, kann, wer genau hinhört, bis heute die Spatzen von den Dächern singen hören: »Non, je ne regrette rien.«

MEHR ALS EINE BUCHHANDLUNG: Shakespeare and Company ist seit Jahrzehnten ein Ankerplatz der intellektuellen Rive Gauche.

VON DER KUPPEL DES PANTHÉON, der letzten Ruhestätte vieler prominenter Männer Frankreichs und einer Frau – Marie Curie –, sieht man über die Dächer des Quartier Latin hinweg.

DIE REVOLTE ALS DAUERZUSTAND

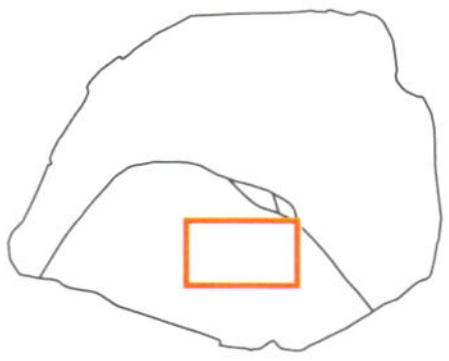

Die Wiege der Revolte stand im Mai 1968 an der Rive Gauche. Vor der Sorbonne flogen die ersten Pflastersteine. Sartre verteilte Flugblätter. De Gaulle ließ ihn dennoch nicht verhaften. »Man verhaftet Voltaire nicht«, so soll der damalige Präsident der Republik die Zurückhaltung begründet haben. Begonnen hat die Nonkonformistenkarriere des linken Seine-Ufers mit Hemingway und den amerikanischen Intellektuellen der Zwischenkriegsjahre. »Paris – ein Fest fürs Leben«, heißt Hemingways Roman über diese Jahre. Mit dem Zweiten Weltkrieg war das Fest vorbei. Ab den frühen Fünfzigern gab das Duo Sartre-Beauvoir die existenzialistisch-feministische Neuausrichtung vor.

SHAKESPEARE AND COMPANY Graues, strähniges Haar, das Gesicht von Falten zerfurcht, in der Hand ein Buch: George Whitman, Sohn eines Physikprofessors aus Harvard und im Quartier Latin seit 1951 mit seinem täglich von 12 bis 24 Uhr geöffneten Bookstore Shakespeare and Company (37, rue de la Bûcherie) ansässig, scheren die neugierigen Blicke der Passanten herzlich wenig. Der Mittneunziger verbringt seine Tage am liebsten lesend. Genauer gesagt auf der Bank vor dem Buchladen, der von Anfang an mehr war als das. Shakespeare and Company existierte bereits in den 1920er-Jahren, wurde damals von der Buchhändlerin und Verlegerin Sylvia Beach geleitet, die 1919 den »Ulysses« von James Joyce gegen die aufjaulende Zensur übersetzen ließ und in der 40 000 Köpfe zählenden amerikanischen Gemeinde an der Rive Gauche den Ton angab. Die Presse, auf der das Werk gedruckt wurde, steht übrigens im Keller des Ladens. 1941 wurde dieser von den Nazis geschlossen, Whitman übernahm 1962 in Erinnerung an die verstorbene Freundin Sylvia Beach den Namen der Buchhandlung.

BASTION DER INTELLEKTUELLEN, MEKKA DER FLANEURE

Seither finden hier Dichterlesungen statt. Nachwuchsschriftsteller bekommen mit etwas Glück ein Zimmer im ersten Stock.

PARIS BEFORE SUNRISE Shakespeare and Company ist vom quirligen, studentisch geprägten Quartier Latin bis zum intellektuell geprägten St-Germain zum Denkmal geworden: Als Whitman vor fast 60 Jahren aus Massachusetts zum Studium an die Sorbonne kam, waren diese beiden Viertel am linken Seine-Ufer das intellektuelle und künstlerische Zentrum Nachkriegseuropas. Jean-Paul Sartre und Simone de Beauvoir arbeiteten und diskutierten, ja lebten im Café de Flore – an dessen Tischen Sartre 1964 den Nobelpreis ablehnte. Man trug Existenzialistenschwarz, aß wie Hemingway in der Brasserie Lipp Kartoffelsalat, fürchtete die vernichtenden Kommentare des Jazzmusikers und Schriftstellers Boris Vian, amüsierte sich nachts im Kellerclub Tabou oder ging zu einer Miles-Davis-Session in den Club St-Germain. Der Mythos St-Germain-des-Prés, die Mischung aus blendender Intelligenz, Lässigkeit und Avantgarde-Chic, zieht bis heute Besucher in dieses Viertel.

HOCHTRABENDE PLÄNE Sechsundfünfzigster Stock, bitte alle aussteigen. Achtunddreißig Sekunden hat der Aufzug bis zur Aussichtsplattform kurz unter der Spitze der Tour Montparnasse gebraucht. Die Aussicht vom höchsten Wolkenkratzer der Stadt ist phänomenal, eitel Freude aber will beim Anblick des braunverglasten Turms trotzdem nicht aufkommen. Denn seit seiner Vollendung im Jahr 1973 scheint der Koloss das Einkaufszentrum und den Bahnhof Montparnasse zu seinen Füßen zu erdrücken und das bevölkerungsreichste Arrondissement auf die Betonschiene zu setzen.

VERSCHONT VOM AMOKLAUF DER PLANIERRAUPEN blieben immerhin die legendären Brasserien am Boulevard du Montparnasse, das Select, die Rotonde, das Dôme, die Coupole – letztere wurde allerdings von einem Neubau, der das legendäre Lokal umschlingt, ihrer einstigen Wirkung zum Boulevard beraubt. Hier speisen und amüsieren sich die besser situierten Pariser. Hier verkehren Touristen aus aller Welt auf der Suche nach der vergangenen Bohème am Montparnasse. Vergeblich. Als Künstlerdorf hat das 15. Arrondissement ausgedient. Großprojekte wie der Abriss des dörflichen Plaisance-Viertels hinter dem Bahnhof Montparnasse machten dem Viertel längst den Garaus. Der Gigantismus der 1970er- und 80er- Jahre ließ nämlich nicht nur die Tour Montparnasse in die Höhe schnellen. Mit der überdimensionierten Place de Catalogne verwirklichte Ricardo Bofill ein postmodernes Monstrum falscher Pilaster und Attikageschosse. Paris wäre freilich nicht Paris,

OBEN | UND EWIG LOCKT DAS BUCH, sei's auch nur als Tischdekoration. Die Fassade der Buchhandlung Shakespeare and Company ist heute greller als bei der Gründung 1962. Ansonsten gleichen sich die Bilder. UNTEN | ZEITUNGSLESER sind im Café de Flore heute selten. Der ehemalige Treffpunkt der Existenzialisten aus St-Germain-des-Prés gleicht schon lange keiner Lesestube mehr, in der die linke Intelligenz mit Buch oder *Libération* vor der Nase über das Leben philosophierte. Unter den im Café vorhandenen Druckwerken schockiert höchstens die Karte mit ihren gepfefferten Preisen.

wenn es sich durch einen solchen Betonexzess unterkriegen ließe. In der nahen Rue de la Gaîté reihen sich unverdrossen kleine Theater, Cafés mit originaler 1900-Zinkblechtheke, Kaschemmen und Schmuddelkinos. Mit dem gläsernen Ausstellungsbau der Fondation Cartier sind anspruchsvolle Architektur und künstlerische Avantgarde in das Viertel Montparnasse zurückgekehrt.

LETZTE RUHE MONTPARNASSE Rive Gauche oblige: Pariser Linksintellektuelle, Künstler und Querdenker lassen sich bevorzugt auf dem Friedhof von Montparnasse zu Grabe tragen. Skandaldichter Charles Baudelaire liegt hier, dem Ernst Jünger 1942 bei einem Spaziergang über den Friedhof die Aufwartung machte und die »hohe, mit einer Fledermaus geschmückte Grabstele, die riesige Nachtflügel trägt«, bewunderte.
Ebenso Guy de Maupassant, Autor freizügiger Romane, die Nouvelle Vague-Ikone und Truffaut-Schauspielerin Jean Seberg, der Fotograf Brassaï, das Existenzialistenduo Jean-Paul Sartre und Simone de Beauvoir, weiterhin die Freidenkerin und Schriftstellerin Marguerite Duras und das singende *enfant terrible* Serge Gainsbourg.

ES IST ALLES IN BEWEGUNG in der Pariser Kunstszene seit dem Umzug der Fondation Cartier pour l'Art Contemporain an die Rive Gauche.

OBEN I VON EINEM ALTEHRWÜRDIGEN VORLESUNGSSAAL wie dem Amphitheater Richelieu in der Sorbonne können die meisten deutschen Studenten nur träumen. Gegründet wurde die Universität 1258 als Theologische Fakultät für minderbemittelte Studenten. Ältester Teil ist heute die Kapelle von 1635. Der Rest stammt wie der einschüchternde Vorlesungssaal aus dem 19. Jahrhundert. RECHTS I ZWEI DOME, ZWEI WELTEN beherrschen das linke Seine-Ufer. Unter der Kuppel des Invalidendoms liegt Napoleon begraben, unter dem Pflaster vor der Sorbonne liegt der Sand. Das zumindest behaupteten die Studenten im Mai 1968.

DAS PANTHÉON steht für die kalte Pracht des Klassizismus. In die letzte Ruhestätte für die Großen der Nation wollte Staatspräsident Sarkozy auch Camus überführen – dessen Familie aber weigerte sich.

GEGEN DIE KALKULIERTE STRENGE des Monumentalbaus ist auch die Hl. Genoveva machtlos. Deren Leben erzählen die Wandbilder von Pierre Puvis de Chavannes.

MANCHMAL MÖCHTE MAN SICH vor der Einschüchterungsarchitektur von Säulen und Giebeln einfach nur hinsetzen – und den Augenblick genießen.

MIT 83 METERN überragt die Kuppel des Panthéon das Quartier Latin. Architektonisches Vorbild waren St Paul's Cathedral in London und der Invalidendom.

DIE EISENKONSTRUKTION im Lesesaal der Bibliothek Sainte-Geneviève läutete bei ihrer Vollendung in den Jahren 1843 bis 1851 ein neues architektonisches Zeitalter ein. Paris, die Hauptstadt des 19. Jahrhunderts, entwickelte sich zum Nabel des modernen Bauens, bei dem Eisen eine tragende Rolle spielen sollte.

WER DEN PRACHTVOLLEN BRUNNEN für Maria von Medici 1624 gebaut hat, ist unbekannt. Der Name des Bildhauers, der 1866 die mythologischen Figuren schuf, hingegen nicht: Auguste Ottin.

MIXED BORDERS, bunt gemischte Blumenbeete, umgeben die akkuraten, wie mit der Nagelschere gestutzten Rasenflächen. Möbliert sind die Parkanlagen mit etlichen Statuen.

SEIT GENERATIONEN lassen die Segelschiffchen auf dem großen Bassin Kinderaugen leuchten. Die Bötchen werden am Kiosk verliehen, inklusive Bambusstock zum Abstoßen.

DER KIOSK als Traumfabrik für Kinder: Das Angebot an Bällen, Reifen, Wundertüten, Süßigkeiten zieht den lieben Nachwuchs magisch an – und *Papa et Maman* den letzten Sou aus der Tasche.

JARDIN DU LUXEMBOURG

IM PALAIS DU LUXEMBOURG, für Maria von Medici, die Witwe Heinrichs IV., erbaut, debattiert seit 1958 der französische Senat über die Geschicke des Landes. Lockerer geht es im Jardin du Luxembourg auf der Rückseite des gut 370 Jahre alten Palais zu. Der populärste Park von Paris verdankt seinen Erfolg der familiengerechten Angebote. Kinder können Bötchen auf dem Wasserbassin fahren lassen. Ins Marionettentheater locken der Guignol – der komische Kaspar –, die drei kleinen Schweinchen und der gestiefelte Kater – bleibende Momente einer behüteten Pariser Kindheit. Blieben noch Schaukel, Rutsche und ein Kinderkarussell, das Charles Garnier, der Architekt der Oper, entworfen hat. Erwachsene kommen zum Joggen, Tennisspielen oder Flirten. Im Sommer bekommt die Szene einen geradezu mediterranen Anstrich: Dattelpalmen, Orangen- und Zitronenbäume werden im zentralen Parterre aufgestellt.

EIN SCHATTIGES PLÄTZCHEN zum Abkühlen findet sich unter den Platanen der Fontaine Médicis, einer künstlichen Brunnengrotte im italienischen Stil. Vorausgesetzt, ein Gartenstuhl ist frei.

ARABISCHE MODERNE

Jedes der filigranen Metallquadrate am Institut du Monde Arabe verfügt über 21 Linsen, die sich je nach Lichteinfall öffnen und schließen und das Innere in eine Atmosphäre wie aus »Tausend und eine Nacht« tauchen.

GANZ PARIS IST EINE BÜHNE, und Musik liegt an der Seine sowieso in der Luft. Warum also nicht am Metroeingang sein Sängerglück versuchen, wo das Publikum zwangsläufig zahlreich ist? Auch die bewährte Mischung aus Akkordeon und Kontrabass verspricht Erfolg.

ORIGINAL sind von den Metrostationen nur noch wenige. Die wuchernden Jugendstilformen, die Hector Guimard für die 1900 eröffnete Métro entworfen hat, sind ebenso kunstvollen Neugestaltungen, wie hier in der Station Cluny – La Sorbonne, gewichen.

OBEN | DIE RUE DE LA MONTAGNE-STE-GENEVIÈVE zählt zu den ältesten Straßen von Paris. Im Kern sind die meisten Häuser mittelalterlich. Apropos Mittelalter: Damals diente die Straße als Hinrichtungsstätte – mit Galgen, Rad und Scheiterhaufen. Die nostalgischen Ladenlokale entstanden erst im 19. Jh. UNTEN | UND EWIG FLIESST DIE SEINE, und solange sie damit nicht aufhört, durchpflügen Sightseeing-Schiffe das Wasser. RECHTS | DAS LEBEN IST EIN TANGO, zumindest am Square Tino Rossi, wo im Sommer bei Sonnenuntergang mit Tango-, aber auch Salsa-Rhythmen aufgespielt wird.

LE CONSULAT
RESTAURANT
LE CONSULAT
LE CONSULAT
AMBASSADE DE SAVOIE
RESTAURANT LE CONSULAT

DER NORDEN

»Das Mädchen Irma la Douce« alias Shirley MacLaine ging auf der Rue St-Denis dem angeblich ältesten Gewerbe der Welt nach. Was die Welt von Pigalle zu halten hat, weiß man aus abgedroschenen Schlagern. Wie still (und schlüpfrig) die Tage in Clichy in den 1930er-Jahren waren, hat Henry Miller in einem Skandalroman literarisch verewigt. Der Norden gilt als fidel und etwas verlottert. Zuletzt hat der Kinoerfolg »Die fabelhafte Welt der Amélie« an der Legende weitergestrickt: Amélie stand am Montmarte hinter der Theke. Wo auch sonst?

AM MONTMARTRE, in der Rue Norvins: Nasses Kopfsteinpflaster stört hier niemanden, denn – es ist Frühling in Paris!

WEINVIERTEL MONTMARTRE:
An der Ecke von Rue St-Vincent und Rue des Saules steigen die Weinstöcke den Montmartre-Hügel hinauf.

DIE FIDEL-VERLOTTERTE WELT DER AMÉLIE

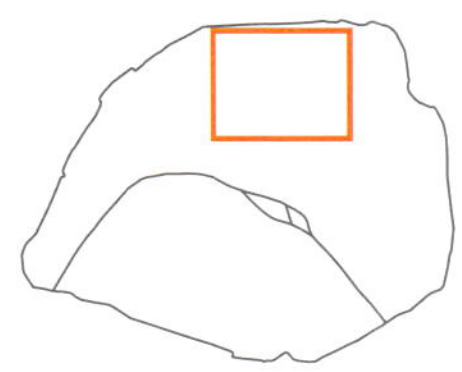

Ein Barde hat Paris im 12. Jahrhundert als »liebliche Stadt voller Bacchus-Präsente« besungen. Paris war damals eine Stadt des Weinbaus, deren Tropfen über die Seine nach England, Flandern und in die Niederlande transportiert wurden. Erst der im Süden des Landes erstarkende Weinbau, besonders im Bordeaux-Gebiet, erlöste die Welt von den vermutlich dünnen, säuerlichen Tropfen. Um das Jahr 1900 gab es in Paris nahezu keinen Rebstock mehr. Straßennamen wie Rue de la Goutte d'Or oder Rue des Vignobles hielten das Andenken aufrecht – und ein paar unverdrossene Amateurwinzer. Darunter finden sich die Feuerwehrleute des 9. Arrondissements, die im Hof ihrer Kaserne unweit von Pigalle Pinot Noir- und Chasselas-Reben pflegen (Jahresertrag um die 40 Flaschen).

Der größte Weinberg von Paris schmiegt sich jedoch an den Montmartre-Hügel. Die Weinstöcke steigen an der Ecke von Rue St-Vincent und Rue des Saules den Montmarte an, und dies schon seit den 1930er-Jahren. Für Publicity haben die ehrgeizigen Montmartre-Winzer von Anfang an gesorgt. Zur ersten Lese 1935 kamen der Revuestar La Mistinguett und Filmkomiker Fernandel. Seither findet die Lese der Gamay-Trauben an jedem ersten Oktobersamstag statt. Längst ist aus der Weinlese ein großes Volksfest mit einem anschließenden Umzug aller Vereine vom Montmartre geworden. Zur Reifung gelangt der Tropfen im Keller des Rathauses des 18. Arrondissements.

Das flüssige Ergebnis aller Mühen mundet allerdings recht bescheiden. Bei der Versteigerung der 500 im Jahresmittel produzierten Clos de Montmartre-Flaschen kommt dennoch einiges rum. Schließlich dient der Erlös wohltätigen Zwecken. *Santé!*

RUMMELPLATZ DER KUNST Zwei Maler pro Quadratmeter lautet die Vorschrift auf der

Place du Tertre – nicht gerade viel Platz für große Kunst. Das touristische Epizentrum ist folglich auf Kleinformatiges festgelegt: Blumensträuße, Pferde im Galopp, Harlekine, rehäugige Mädchen, fidele Weintrinker, der Heiland am Kreuz und immer wieder die weiße Kuppel von Sacré-Cœur, der Eiffelturm sowie natürlich die Place du Tertre selbst. An der Riege der selbsternannten Künstler schieben und drängen sich die Massen vorbei. Mittendurch schlängelt sich das Touristenbimmelbähnchen, vorbei an adretten Häuschen und krachend vollen Caféterrassen.

Genug geunkt. In seiner Dörflichkeit ist die Place du Tertre stets aufs Neue berückend. Künstlerisch inspirieren sich die Maler vom Montmartre an Maurice Utrillo. Ganz im Geist des großen Vorbilds erscheint Paris auf ihren Werken als verträumte, nahezu menschenleere Stadt. Utrillo kam im Jahr 1883 am Montmarte zur Welt. Seine Mutter arbeitete als Malermodel für Renoir und Toulouse-Lautrec, malte selbst unter dem Namen Suzanne Valadon. Klein-Maurice, der schon als Kind den Namen seines Adoptivvaters, des Kunstkritikers Miguel Utrillo, annahm, sog die Liebe zur Malerei mit der Muttermilch auf. Als Erwachsener avancierte er in der mit Braque, Picasso und Matisse prominent besetzten Künstlerkolonie zum Porträtisten des Montmartre. Seine Nachfolger müssen heute eine Gebühr an die Collective des Artistes Montmartrois zahlen, um ihre Staffelei aufbauen zu dürfen, und, mit etwas Glück, einen Standplatz zugewiesen zu bekommen.

STRASSENMALERIN an der Place du Tertre, ein von niedrigen Häusern aus dem 18. Jh. umstandener alter Dorfplatz, der heute von Touristen so überlaufen ist, dass dort aufgestellte Schilder wohl mit gutem Grund vor Taschendieben warnen.

DER DURCHBRUCH gelang dem Moulin Rouge dank eines Balls, den Studenten der Kunsthochschule am 21. April 1899 veranstalteten. Höhepunkt des Abends war ein Striptease-Wettbewerb der Aktmodelle: Nie zuvor hatten gänzlich Nackte auf Pariser Bühnen gestanden!

LIFE IS A CABARET Das waren noch Zeiten: 25 Cabarets hat es im 18. Jahrhundert längs der damals ganze 58 Häuser zählenden Rue des Martyrs gegeben, die unweit der Place Pigalle zum Montmartre ansteigt. Auch außerhalb der Vergnügungsbühnen ging es locker zu. Einem Polizeibericht aus dem Jahr 1767 ist zu entnehmen, dass die Anwohner über pöbelnde Prostituierte klagten.
Im 19. Jahrhundert ging es gesitteter, wenngleich nicht prüde im Viertel zu. Schon gar nicht in Ballhäusern wie dem Élysée-Montmartre: Der im Jahr 1807 eröffnete Bau am Boulevard de Rochechouart 72 steht seit 1988 unter Denkmalschutz und dient immer noch als Veranstaltungsbühne und Szenedisco. Auch die Cigale von 1887 feierte nach der Sanierung ein Comeback als Rock- und Chansonbühne. Die große Zeit der Cabarets fiel auf die 1880er-Jahre bis etwa 1900, als der Cancan, bei dem die Tänzerinnen ihre Rüschenröcke heben und viel Bein zeigen. Zum bekanntesten Cabaret stieg das Moulin Rouge auf, das sich mit French Cancan, Strass und Champagner bis heute großer Beliebtheit erfreut.

DIE ZUKUNFT HEISST ›SOPI‹ Für die Pariser der Gegenwart spielt die Musik längst woanders als im Moulin Rouge, etwa in der Locomotive gleich nebenan, deren drei Tanzpisten die Jugend locken. Um die Ecke sind zudem viele ehemalige Sex-Shows zu trendigen Bars umgewandelt worden.

VOM CABARET NACH AFRIKA: LA GOUTTE D'OR

Die Straßenzüge südlich vom Boulevard de Clichy werden von Trendsettern bereits als ›SoPi‹ (South Pigalle) gehandelt. Die Stadt trägt dem Wiedererwachen von Pigalle als Ausgehziel Rechnung. Die Fußgängerwege in der Mitte der Boulevards de Clichy und de Rochechouart wurden verbreitert, Radpisten kamen hinzu, und die Touristenbusse müssen sich seither von den Boulevards fernhalten.

WELTDORF PARIS Schwarzafrikaner und Maghrebiner in der Goutte d'Or, Inder und Türken im Faubourg St-Denis: Der Pariser Norden, vor allem das 10. und 18. Arrondissement, sind ein Schmelztiegel sowohl für Zuwanderer aus den ehemaligen französischen Kolonien als auch aller Kontinente. Goutte d'Or heißt das Viertel mit dem höchsten Einwandereranteil von Paris, zu Deutsch Goldtropfen; eine Anspielung auf die Weingärten, die einst den Nordhang von Montmartre hochrankten.

AUCH ELEND UND VERFALL Mehr als fünfzig Prozent der Einwohner stammt aus dem Ausland, exakt 56 Nationen vermischen Kleidungsstile, Umgangsformen, Sprachen. Aus einem Fenster in der Rue des Gardes tönt »Aicha« von Kalhed, dem König des algerischen Rai – der Ohrwurm geht einem garantiert so schnell nicht mehr aus dem Kopf. Gazellenschlanke schwarze Schönheiten rauschen im wallenden Boubou übers Trottoir. Beim Markt an der Place du Château Rouge sind die Querstraßen so eng mit Ständen zugestellt, dass kaum ein Auto durchpasst.

Es riecht nach exotischen Gewürzen, Gelbwurz, Chilischoten, Curry. Heilmittelhändler aus Mali bieten Blätter, Gräser, Sud gegen jedes nur erdenkliche Zipperlein oder den bösen Fluch an. In den Friseursalons werden krause Haare mit viel Chemie und Gezurre energisch in eine haarspraysteife Lockenpracht verwandelt. Läden sind bis zur Decke mit bunten Stoffen und Teppichen zugestopft. Beim Juwelier La Princesse reicht der Goldschmuck in der Auslage vermutlich sogar, um die Bestände von Fort Knox aufzuwiegen. Telefonshops mit verschroben gestrigen Namen wie Le Comptoir de la Téléphonie sorgen für schnelle Leitungen an die Elfenbeinküste, nach Marrokko und Gabun. Der Hammam am Boulevard de la Chapelle 54 ist nur einer von mehreren türkischen Dampfbädern in der Umgebung – dieser ist jedoch nur für Frauen.

Dazwischen Bilder des Elends: Verwahrloste Obdachlose in Hauseingängen, das schmuddelige Viertelbüro der Aids-Hilfe. Mittlerweile hat die Stadt die Hälfte aller Wohnhäuser saniert oder bei fortgeschrittenem Verfall abgerissen und durch Neubauten ersetzt.

DER BOULEVARD STRASBOURG teilt die Passage Brady, die in Paris besser als ›Little India‹ bekannt ist. Holzschnitzereien erinnern an die verzierten Fassaden in den Gassen von Mumbai. Garküchen tragen Namen wie Chemin du Cachmire oder Rose de Calcutta. Nur ein Kostümverleiher, bei dem man sich zum Sonnenkönig oder zum Gallier Asterix ausstaffieren lassen kann, fällt aus dem indischen Rahmen.

KUPPELBLICK

Byzantinische, maurische und romanische Einflüsse verarbeitete der Architekt Paul Abadie bei seinem Entwurf für die Basilique du Sacré-Cœur, deren Kuppel bestiegen werden kann.

WEITHIN SICHTBAR überragt die Basilique du Sacré-Cœur, eine dem Herzen Jesu geweihte, in fast 40 Jahren (ab 1876) errichtete Sühnekirche, die Dächer von Paris.

KAPITELLE MIT GROTESKEN FANTASIE-GESTALTEN zieren den Säulenwald der Basilika. Inspiriert sind die Figuren von der romanischen Kathedrale Saint-Front in Périgueux.

DAS MONUMENTALE CHRISTUSMOSAIK über dem Chor wurde zwischen 1912 und 1922 nach Plänen von Luc-Olivier Merson und Marcel Magne ausgeführt. Es ist alles Gold, was glänzt.

DER WUCHTIGE NARTHEX VON SACRÉ-CŒUR bekräftigt, was die auf den Montmartre-Hügel pilgernde Jugend der Welt längst weiß: Von hier oben ist der Blick über Paris grenzenlos.

AUF DIESEN STUFEN SITZT DIE JUGEND DER WELT

DER ERSTE BISCHOF VON PARIS, der Heilige Denis, wurde im 3. Jahrhundert auf dem Hügel im Norden der Stadt geköpft. Aus seiner Hinrichtungsstätte wurde der Mons Martyrum, der Märtyrerberg, kurz Montmartre. Erst 1860 wurde das dörflich bis kleinstädtisch wirkende Viertel am Fuß des Hügels von Paris eingemeindet und ist seitdem das 18. Arrondissement der Stadt. Zu dessen Wahrzeichen stieg später Sacré-Cœur auf. Die protzige Basilika ist das steinerne Manifest eines Bündnisses von katholischer Kirche und reaktionären Politikern, die den Bau zwischen 1875 und 1914 als Sühnemal für die revolutionäre Commune de Paris errichten ließen. Die Commune hatte 1871 vom Montmartre aus den Umsturz der Klassengesellschaft zum Arbeiterstaat geprobt, um nach zwei Monaten blutig niedergeschlagen zu werden. Darüber triumphiert Sacré-Cœur noch heute.

VON DER AUSSICHTSTERRASSE Sacré-Cœurs hat man einen wunderschönen Blick über Paris. Besonders schön ist es, hier den Sonnenaufgang zu erleben. Aber auch abends hat die Szene ihren Reiz.

LINKS I TREPPE ODER SEILBAHN? Parallel zu den Stufen der Rue Chappe surrt der Funiculaire von der Place St-Pierre hoch zur Basilika Sacré-Cœur. Die 1937 gebaute, in der Zwischenzeit modernisierte Drahtseilbahn ist ein Besuchermagnet. Wem der Andrang zu groß ist, nimmt die Treppen, auch zum Verschnaufen. OBEN I RUNTER GEHT ES ALLEMAL BEQUEMER. Und romantisch ist der Abstieg ohnehin.

BILLARD MIT GRANDEUR

Vom Glanz der Brasserie 1880 künden Stuck, Spiegel, Bodenfliesen und nicht zuletzt der imposante Billardtisch. Heute zelebrieren die Herren der Académie de Billard unter der hohen Decke ihre Vorstellung von stillen Tagen in Clichy.

METROPOLITAIN
MOULIN ROUGE
Féerie
Quick
Quality Burger Restaurant
Sandwichs
Crêpes

1793 WURDE DAS BISTRO CHEZ LA MÈRE CATHERINE an der Place du Tertre gegründet. Die Kellnerinnen dürften damals längere Röcke getragen haben. Die rot-weiß karierten Tischdecken waren jedoch bereits üblich.

IM SENTIER wird die Mode auf die Straße gebracht. Nicht jeder Entwurf findet Beachtung. Dessen ungeachtet rattern in den Ateliers die Nähmaschinen.

DAS RESTAURANT AU PETIT MOULIN – ›Zur kleinen Mühle‹ – kann sich nur am Montmartre befinden. Mühlen krönten früher den Hügel, Mühlen bleiben sein Symbol.

DIE PUCES DE CLIGNANCOURT sind viel mehr als der bekannteste Flohmarkt von Paris. Überdachte Händleralleen machen aus den Puces ein echtes Dorf, in dem es fast alles gibt.

DER MARCHÉ DU CHÂTEAU ROUGE in der Rue Dejean ist der Bauch des Afrikanerviertels Goutte d'Or. An den Ständen liegen fangfrisch Sardinen, Makrelen, Doraden auf dem glitzernden Eisbett.

OBEN | SAKINA M'SA stammt von den Komoren und ist die vielleicht erfolgreichste Stylistin in der Rue des Gardes. Sakina hat ihre Boutique bewusst in der Goutte d'Or eröffnet, lehnt jedoch eine Festlegung auf Ethnomode vehement ab. UNTEN | IN DER RUE DU FAUBOURG ST-DENIS: Na, wo drückt der Schuh? RECHTS | BOLLYWOOD IN PARIS: Das Viertel um die Rue du Faubourg St-Denis wird von Indern geprägt. Diese lieben Polo in Erinnerung an die alte Kolonialmacht England – ob als Shirt, Logo oder Sport. Und opulente Schmachtfetzen aus den Filmstudios von Mumbai.

Shakti
Preetam

AMÉLIE UND DIE ANDEREN

ADIEU CAFÉ?

WIR WISSEN NICHT, welches Rezept Amélie gegen das Café-Sterben empfiehlt. Vielleicht lächeln. Wir hingegen empfehlen ordentlich bestellen, etwa eine *étagère* mit drei Lagen himmlisch leichten *macarons*. Oder wenigstens ein Glas Bier.

RUND 600 000 CAFÉS hat man vor rund 45 Jahren in Frankreich gezählt. Ihre Zahl schrumpfte inzwischen auf 40 000, davon entfallen 8000 auf Paris, wo der Übergang zum Bistro allerdings fließend ist. Gemeint ist in beiden Fällen eine Bastion urfranzösischer Lebensart.
Morgens nimmt der Durchschnittspariser an der Theke einen *petit noir* (oder ein Gläschen Rotwein, wahlweise ein Bier auf dem Weg zur Arbeit), abends einen Aperitif (oder auch zwei auf dem Weg nach Haus). Voilà, so einfach und schön zugleich kann das Leben sein. Mittags verwandelt sich das Café dank eines für jedermann erschwinglichen Tagesgerichts, Plat du Jour, zur Viertelkantine, mithin ein Ort, an dem das revolutionäre Prinzip der Égalité in einem sonst recht standesbewussten Land unverbrüchlich gilt. Ein von der Theke abgetrennter Bereich für Zeitschriften, Zigaretten, Briefmarken, Lottoscheine, Steuermarken, Kaugummis und allen nur erdenklichen Firlefanz darf nicht fehlen – kaum ein Café käme ohne die Nebeneinnahmen über die Runden. Auch nicht das Café im erfolgreichsten französischen Film aller Zeiten, »Die wunderbare Welt der Amélie«. Gedreht wurde der kunterbunte Streifen größtenteils im Café des Deux Moulins, in einer Straße, die sich von Montmartre nach Pigalle runterschlängelt und in der die Thekenkonkurrenz

LINKS I EINE METROSTATION IM JUGENDSTIL, das Moulin Rouge, ein Boulevard – mehr Paris geht nicht. Dazu gehört auch die Filiale einer Fastfoodkette. Schließlich ist Frankreich das Land in Europa mit der größten Dichte solcher Schnellimbisse pro Kopf. OBEN I KEIN GERINGERER ALS HENRI DE TOULOUSE-LAUTREC hat die aufreizenden Plakate des Moulin Rouge gemalt. Prompt strömen die Scharen herbei, um Künstlerinnen wie La Goulue oder Yvette Guilbert auf der Bühne zu sehen.

groß ist. Weil aber die hübsche Amélie dem Glück mit Witz und Mut auf die Sprünge hilft, ist an der Theke des Deux Moulins immer etwas los.

›Café-Kultur‹ oder Fastfood? Allzu idyllisch durch die rosarote Brille des Amélie-Erfolgs sollte man die Situation der französischen Café-Kultur allerdings nicht betrachten. Wo man sich früher eine Stunde Zeit für ein Mittagessen im Café-Bistro nahm, sind es heute im Landesdurchschnitt ganze 27 Minuten. Da reicht die Zeit nicht einmal mehr für das flott servierte Tagesgericht im Café, sondern höchstens für ein Sandwich auf die Hand oder, horribile dictu, die nächste Fastfoodfiliale, die dem klassischen Café die Kundschaft abwirbt.

Cool-professionelle Verjüngungskur: Alles Neo in Paris? Auch gegen sommerliche Hitzewellen, bei denen einst allein das Café mit einer eiskalt gezapften *pression* oder dem kühlen Glas *petit blanc* Linderung verhieß, ist mittlerweile jeder Haushalt dank des eigenen Kühlschranks gewappnet. Und statt den Feierabend an der Theke gesellig debattierend oder scherzend zu verbringen, schaut auch der Durchschnittsfranzose heute immer öfter und immer länger auf den Flachbildschirm – ob Fernsehen oder Internet. Adieu Café?

So dramatisch ist die Situation nun auch wieder nicht, erst recht nicht in Paris, wo die Welle der Neo-Cafés und Neo-Bistros einen Gegentrend ausgelöst hat. Die Verjüngungskur sieht wie folgt aus: Man nehme ein altes Café, mische eine Prise Design in die Ausstattung und sorge dafür, dass die Kellnerinnen und Kellner cool-professionell sind. Großvaters *petit rouge*, zumeist ein schlichter Fasswein aus dem Languedoc, fliegt von der Karte und wird ersetzt durch anspruchsvolle Tropfen aus Burgund, Bordeaux oder den Corbières, die möglichst glasweise ausgeschenkt und auf einer Schiefertafel vorgestellt werden. Auch die Speisekarte ist nicht wiederzuerkennen. Pfiffige Salate statt schwerer Fernfahrerkost, Olivenöl statt Butter, günstige Tagesgerichte geben den Ton an. Nicht zu vergessen: Ab und zu ein Event – sei es ein DJ, der einheizt, oder eine Lesung mit einem Jungstar aus der Pariser Literaturszene – sorgt für die nötige Aufmerksamkeit.

ADRESSEN

Café des Deux Moulins, 15, rue Lepic.
Das fabelhafte Reich der Amélie. Mehr muss man dazu auch gar nicht sagen.

Les Deux Magots, 6, place Saint-Germain-des-Prés, www.lesdeuxmagots.fr.
Die Pariser Literatencafé-Legende lebt und sie hat deutlich mehr Charme als das benachbarte Café de Flore.

Mariages Frères, 35, rue du Bourg-Tibourg, www.mariagefreres.com.
Es muss nicht immer Kaffee sein, auch nicht in Paris. Hier haben Teetrinker die Qual der Wahl unter 500 Sorten aus aller Welt, und dazu gibt's unverschämt herrliche Süßigkeiten, die jede (Kalorien-)Sünde wert sind.

BUNTER DIE MACARONS NICHT LEUCHTEN als im Traditionshaus Ladurée. 1862 wurde die vornehme Feinbäckerei in der Rue Royale gegründet, deren Markenzeichen die federleichten Plätzchen sind.

SO WIE BEIM FEINBÄCKER LADURÉE wünscht man sich in Paris die Auslage. Hübsch drapiert sind die Gebäckschachteln, klein und fein die *petits fours,* und jede Torte ist ein Kunstwerk.

EINE SÄULE von einem Café ist das Nemours an der Place Colette. Saal und Terrasse dienen den Schauspielern der nahen Comédie-Française als Wohnzimmer vor und nach den Aufführungen.

EIN WENIG gleicht jedes alteingesessene Café von Paris dem Salon eines Schlosses. Hohe Decke, goldener Stuck, Lüster sind das eine. Gespräche, die wie Champagner perlen, das andere.

BLOSS KEINE ANGST vor Kalorien, man geht ja nicht jeden Tag in Paris ins Café. Wer könnte zudem der charmanten Bedienung widerstehen. Und wenn man schon mal da ist … noch ein Törtchen!

DAS MARLY unter den Kolonnaden des Louvre ist *a place to be*. Vom stylischen Saal und der respektheischenden Terrasse schaut man auf die Cour Napoléon mit der gläsernen Pei-Pyramide.

DER OSTEN

Paris drängt nach Osten: weg vom Eiffelturm und den Champs-Élysées, wo zuviel große Geschichte, zuviel altes Geld die Stadt manchmal zum Museum werden lassen, weg aus St-Germain-des-Prés, wo allenfalls unverbesserliche Nostalgiker noch die Terrassen ehemaliger Existenzialistencafés bevölkern. Die Karawane der *branchés*, der Trendsetter, startete einst im Marais. Dann wurde die Bastille gestürmt. Heute geht der Kurs immer weiter nach Osten, nach Belleville.

WAS HIER WIE EINE OPTISCHE TÄUSCHUNG AUSSIEHT, bietet im Inneren auf einer 1000 Quadratmeter großen 172-Grad-Leinwand Optisches vom Feinsten: das Kino La Géode im Parc de La Villette …

BASTILLE
BASTILLE
bar
night
&
day
café
thé
chocolat

AN DER PLACE DE LA BASTILLE sind die Terrassen fast rund um die Uhr gut besucht. Bienvenue an einem Nabel des Pariser Nachtlebens.

DIE KARAWANE ZIEHT WEITER

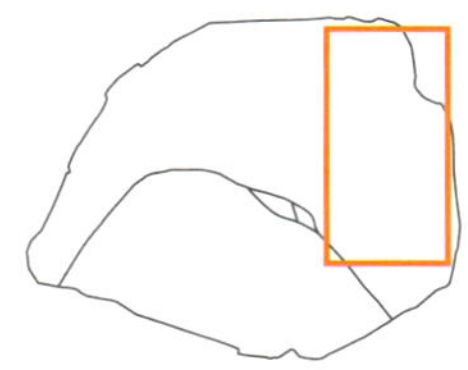

Anfang der 1980er-Jahre entdeckten Yuppies, Modemacher und allen voran die Schwulenszene den maroden Charme des 3. und 4. Arrondissements, an deren Schnittstelle der Marais vor sich hindämmerte. Trendmarken wie Lolita Lempicka oder Kookai siedelten sich an. *Tout Paris* sprach plötzlich vom Marais. Ein Vierteljahrhundert später sind die Straßenzüge zwischen dem Centre Pompidou und der Place des Vosges durchsaniert, die Mieten für Ateliers, Läden, Wohnungen ins Astronomische gestiegen. Kurzum, für Freiberufler und Designer, Künstler und Intellektuelle ist der Marais längst zu teuer und zu arriviert.

IM OSTEN WAS NEUES Anfang der 1990er-Jahre richtete sich der Blick daher weiter nach Osten, auf die Bastille. Der proletarische Schmuddelchic von ›Dancings‹ – gemeint sind die wenigen an der Bastille übriggebliebenen Ballhäuser der Zwischenkriegsjahre – avancierten zu absoluten *musts* für die *branchés*. Mehr als 200 Dancings hat es einmal in Paris gegeben, die meisten davon im Osten; dort, wo die Fabriken lagen und am Wochenende die Lohntüte locker saß. In mancher Kneipe spielt noch immer ein einsamer Akkordeonist Musettewalzer und Schlager zum Tanztee für Paare reiferen Alters. Richtig voll wird es allerdings erst, wenn afro-kubanische Bigbands und Diskjockeys für spezielle Clubnächte engagiert werden.

CARLA BRUNI KOMMT SELTENER Die Nächte rund um die Place de la Bastille sind lang. Modemacher Hedi Slimane wird regelmäßig in den Clubs gesichtet. Carla Bruni kommt seltener, seit sie mit Monsieur le Président auf dem Standesamt war. Der Erfolg hat natürlich auch seinen Preis.
Die Bastille wird am Wochenende von Touristen und Vorstädtern gestürmt, was der programmatisch versnobten Pariser Bürgerschaft nicht immer genehm ist.

WO DIE ABRISSBIRNE WÜTETE Es gießt aus Kübeln an der Place du Colonel-Fabien. Der armenische Straßenhändler an der Platzecke weiß, was die Uhr geschlagen hat. Flott räumt er die Rollerblades aus taiwanesischer Produktion nach hinten und stapelt eine seidenmatt schimmernde Pyramide von

Regenschirmen *made in India* in die Auslage. Ganze drei Euro beträgt der Preis pro Stück, doch der Absatz verläuft schleppend: Die Bewohner von Belleville ziehen eine billigere Lösung vor – sie stülpen sich Casino- und Tati-Supermarkttüten über den Kopf.

Ein Jahrhundert verschiedenster Zuzugswellen hat Belleville gelassen über sich ergehen lassen – bislang. In das Arbeiterviertel zogen nach dem Ersten Weltkrieg Armenier, nach dem Sieg der Bolschewiken Russen, nach dem Spanischen Bürgerkrieg Franco-Gegner, nach dem Ende der Kolonialmacht über Tunesien gleich zu Hunderttausenden sephardische Juden, nach dem Ende des Algerienkriegs 1962 weitere Juden und Araber. Es blieben die, für die der Westen von Paris schon immer zu teuer war: Arbeiter in den Automobilfabriken von Pantin, Inhaber von Kramläden, Garküchen und Handwerkerbetrieben. Im Umfeld der Rue Ramponeau hat die Abrissbirne erbarmungslos gewütet, doch finden sich noch immer winzige jüdische Restaurants, die eine Duftwolke aus Olivenöl, Couscous, Merguez-Würstchen und den Gewürzen des Mittelmeers ausdünsten. Doch die Chinatown des 13. Arrondissements breitet sich Straßenzug um Straßenzug über die Seine nach Belleville aus, was unter den Zuzüglern früherer Generationen für Unruhe sorgt. Man hat Angst, von den tüchtigen Chinesen in die Tristesse der nahen Vorstädte abgedrängt zu werden. Es kam in den letzten Jahren mehrmals zu

SAG' MIR, WO DIE BUNTEN DRACHEN FAUCHEN.
In Paris tun sie es in der Chinatown des 13. Arrondissements, und dies vor allem zu traditionellen Feiertagen wie dem chinesischen Neujahrsfest.

STÄNDCHEN IM PARC DE LA VILLETTE: Denn es ist Sommer, und ganz Paris schwingt im Takt von Open-Air-Konzerten. Da darf es ruhig einmal etwas lauter werden, und länger auch.

handfesten Auseinandersetzungen. Dies änderte nichts daran, dass der untere Abschnitt der Rue de Belleville mittlerweile fest in chinesischer Hand ist.

DIE WIEGE DES CHANSONS In Belleville lesen sich die Straßennamen freilich weiterhin wie ein Nachschlagewerk des französischen Chansons. Der singende Bonvivant Maurice Chevalier, dem die gleichnamige Place gewidmet ist, kam ebenso in Belleville zur Welt wie Edith Piaf, deren Geburtshaus von der Stadtteilinitiative La Bellevilleuse vor dem Abriss gerettet wurde. Manchmal zwängt sich ein ganzer Bus die steil ansteigende Straße hoch. Das Geburtshaus der Sängerin, die im armen Osten der Stadt zur Welt kam und im reichen Westen sang, ist eine der wenigen Attraktionen, mit denen Touristen nach Belleville zu locken sind. Die bedeutendste Bühne der gar nicht immer so leichten, aber im Idealfall leicht erscheinenden französischen Muse findet man allerdings nicht in Belleville, sondern am Boulevard des Capucines unweit der Opéra: das Olympia. Viele legendäre Konzerte hat man hier gesehen – unvergessen blieb besonders jenes Konzert, das Edith Piaf als eines ihrer letzten kurz vor ihrem Tod hier gegeben hat. Man sah ihr an, dass sie sich kaum noch auf den Beinen halten konnte, aber ihre unvergleichliche, vom Leben wie von der Liebe, von Hoffnung und Schmerz, gefühltem Leid und geahntem Glück gezeichnete Stimme zog nach wie vor alle in ihren Bann.

UND IM OSTEN EIN LUFTSCHLOSS FÜR BÜCHER

GASSENHAUER MIT AKKORDEON: OUVERTÜRE Frankreichs dienstältester Chansonnier Charles Trenet hat dem Nachbarquartier Ménilmontant vor dem Zweiten Weltkrieg einen Gassenhauer mit Akkordeon-Ouvertüre geschrieben. Besungen wird ein städtisches Dorf, das Belleville oder Ménilmontant im Wesentlichen bis heute geblieben ist: ein Viertel schwerbepackter Einkaufstüten, schiefsitzender Röcke und zu großer Hunde. So sieht in der Rue des Cascades und Rue des Savies noch vieles so aus wie Anfang der 1950er-Jahre, als hier Simone Signoret für den Film »Casque d'Or« die Pariser Schnauze mit goldgelber Helmfrisur gab. Nur einen Steinwurf weiter hat Truffaut in der provinziellen Idylle einer Stichgasse den Filmklassiker »Jules et Jim« gedreht.

Belleville und Ménilmontant stecken noch immer voller fotogener Winkel, billiger Hinterhofateliers, schräger Cafés. Macht einen idealen Nährboden für die Pariser Szene. Was die Dichte an coolen Bars, kleinen Designerlabels und flippigen Bistros angeht, hat das ehemalige Arbeiterviertel mit der Bastille locker gleichgezogen.

EIN MASTERPLAN FÜR DEN OSTEN Das Projet de l'Est Parisien stammt noch aus der Zeit von Staatspräsident Giscard d'Estaing. Hinter dem Masterplan für den Pariser Osten verbarg sich eine große Sorge: Frankreichs Hauptstadt sollte nicht als Freilichtmuseum des 19. Jahrhundert das nächste Jahrtausend erblicken. Die 1981 an die Macht nachfolgenden Sozialisten gaben dem Plan eine sozialpolitische Dimension: Mit den spektakulären Grands Travaux, den Pharaonenbauten der Ära Mitterrand, die dem Präsidenten den Spitznamen ›Mitterrhamses‹ einbrachten, sollte dem lange benachteiligten Osten endlich Gerechtigkeit widerfahren. Kurzum, Monumente und Museen mussten her, die der über die Jahrhunderte im Westen von Königen, Kaisern und Präsidenten hinterlassenen Vorzeigearchitektur Paroli bieten konnten. Bercy bekam die von Frank O. Gehry in gewohnt dekonstruktivistischem Stil errichtete Cinémathèque Française. Die Bastille bekam die neue Oper, La Villette hingegen auf dem ehemaligen Gelände der Schlachthöfe die Cité des Sciences et de l'Industrie sowie die Cité de la Musique von Christian de Portzamparc. Neben diese Chinatown von Tolbiac wurden die vier 78 Meter hohen, gläsernen Türme der Nationalbibliothek François Mitterrand aufgestellt, die ein aufgeschlagenes Buch symbolisieren sollen.

Die ultramoderne Metrolinie 14 fährt führerlos bis vor die Tür der im Jahr 1995 eingeweihten Bibliothek des Architekten Dominique Perrault. Wobei der Bau nicht unumstritten ist: Gläserne Türme sind nun mal nicht der beste Aufbewahrungsort für Bücher, die extremen Klimatisierungskosten sind ein regelrechtes Politikum.

OBEN I EIN KLASSISCHER FALL von Einschüchterungsarchitektur: Ganz klein wird der Mensch, wenn er den windigen Platz um die vier Glastürme der Nationalbibliothek betritt. Mitterrand wollte sich mit dem Bau ein Denkmal setzen. UNTEN I MENSCHLICHES MASS wahrt die Passerelle Simone de Beauvoir, eine pfeilerlose, scheinbar schwerelose, aus zwei ineinander verwobenen Bögen konstruierte Seine-Brücke von Dietmar Feichtinger.

OBEN | KNAPP 100 000 BÄUME sollen in Paris stehen, viele davon längs der großen Boulevards und Avenuen – nicht unbedingt Orte zum Durchatmen. Die verkehrsumtosten Achsen sind alles andere als grüne *hideaways* – außer in tiefer Nacht. RECHTS | SÜDLICH DER PLACE DES VOSGES wird es im Innenhof des Hôtel de Sully deutlich stiller. Im Palais von 1624 residiert die nationale Denkmalschutzbehörde, was die stilecht als französischer Barockgarten angelegten Beete erklärt.

214

NEU ERFUNDEN: DER MARAIS

Das goldene Einhorn dürfte im Marais, wo sich die skurrilsten Boutiquen der Stadt ballen, kaum überraschen. Der interessierte Blick gilt altrosa Pumps und goldener Handtasche, klar doch.

OBEN | WO IM 17. JAHRHUNDERT der versammelte französische Hochadel residierte, im 19. Jahrhundert Victor Hugo lebte, liegt eine der teuersten Wohnadressen des Zentrums. Das barocke Gleichmaß von Palais und Arkaden an der Place des Vosges versprüht heute den diskreten Charme der Bourgeoisie. LINKS | DER PLATZ auf dem Rasen in der Place kostet allerdings nichts.

OBEN | DIES IST KEIN BILDNIS des Oscar Wilde, sondern sein Grab auf dem Friedhof Père-Lachaise. RECHTS | DAS HÔTEL DE SULLY gilt als eines der anmutigsten Barockpalais des mit feudalen Herrenhäusern gesegneten Marais. Der Herzog von Sully, Minister unter Heinrich IV., kaufte das Palais 1634, ließ kräftig umbauen, fügte eine Orangerie im Hofgarten hinzu. Dank der erhaltenen Pläne konnte Raum für Raum in den Originalzustand zurückversetzt werden.

EIN MODERNES OPERNHAUS sollte es nach dem Willen von François Mitterrand werden. Architekt Carlos Ott baute, wie ihm befohlen. 200 Jahre nach dem Sturm auf die Bastille wurde die Opéra Bastille am 14. Juli 1989 eröffnet.

ABENDSTIMMUNG AM JACHTHAFEN Port de Plaisance de Paris Arsenal. In der Oper geht das Licht an, in den Grünanlagen wird flaniert. Und über allen Booten ist Ruh'.

RUND UM DEN PLATZ reihen sich einladende Cafés und Brasserien. Menschen eilen zur Oper oder verschwinden in den Metroschächten.

»DER GEIST DER FREIHEIT« tänzelt leichtfüßig auf der Julisäule, die die Mitte der Place de la Bastille markiert. Die 51,50 Meter hohe Säule erinnert an die Opfer der Revolution von 1830.

JEDEN ABEND NEU ERSTÜRMT: DIE BASTILLE

ES GEHÖRT ZU DEN TREPPENWITZEN der Geschichte, dass die revolutionären Massen bei der Erstürmung der Bastille kaum Gefangene vorfanden. Einerlei, weg musste der Bau, Stein für Stein, denn er stand für willkürliche Verhaftungen und Einkerkerungen ohne Gerichtsurteil. Pflastersteine erinnern am Boulevard Henri IV zwischen den Hausnummern 5 bis 49 an den einstigen Standort der von Türmen bewachten Festung. Seit Anfang der 1990er-Jahre wird die Bastille, das Viertel östlich der Place de la Bastille, Abend für Abend neu gestürmt. Buchstäblich über Nacht war die Bastille damals *branché*, angesagt, wobei die Nachbarschaft zum Marais als Sprungbrett half. Der Trend bekam Rückenwind von ganz oben. Mit großer Geste ließ Staatspräsident Mitterrand das Arme-Leute-Paris, das Paris der Lagerhallen und Hinterhofwerkstätten städtebaulich aufwerten, allem voran mit der Opéra Bastille von Carlos Ott.

VON DER BASTILLE blieb 1789 kein Stein auf dem anderen. Nur der Name der Place de la Bastille erinnert an den Kerker, mit dessen Erstürmung die Revolution begann.

AUCH MODERNE KUNST kann einen Bart haben, was für die Galerien im hippen Pariser Osten natürlich nicht gilt. Sogar den kleinen Männchen am Boden geht hier ein Licht auf.

EIN LOFT SOLLTE ES SEIN, oder wenigstens ein alter Hangar, wenn sich Paris wie hier in Belleville als Manhattan oder Prenzlauer Berg versucht.

MEIN FREUND DER BAUM – Graffiti wie dieser unzufriedene Baum in der Rue Denoyez gehören zur Pariser Hauswand. Zum künstlerischen Anspruch verpflichtet allein die Lage.

WAS DENN, die Augen sind immer noch müde von der letzten Nacht? Also besser das Gesicht verdecken. Nur gut, dass die Freunde es gelassener sehen und sich in coole Pose setzen.

GRACHTENROMANTIK AM CANAL ST-MARTIN: Ein Schiff wird kommen, und soviel weiß jedes Kind, die Brücke wird dann angehoben, um es samt Mast passieren zu lassen. Also flott noch rüber.

OBEN | BOULE, bei dem es darum geht, eine Stahlkugel aus einer Entfernung von 6 bis 10 Metern mit dem *cochonnet* (›Schweinchen‹), einem Buchsbaumkügelchen, möglichst treffsicher hinterherzuwerfen, ist Volkssport. *Carreau* heißt der Treffer, mit dem die Kugel der Gegner mit lautem Klacken weggeräumt wird. UNTEN | DAS KLEINE SCHWARZE ist nur eine Möglichkeit, sich auf dem Pariser Pflaster sehen zu lassen. Rüschen und Raffungen kommen ebenfalls in Betracht. RECHTS | MOMENT MAL? Klein Versailles als Bäckerei? Klingt übertrieben, aber das Baguette sieht schön knusprig aus.

AU PETIT VERSAILLES
DU MARAIS
Au Petit Versailles
RUE
TIRO
Défense
de
Fumer
AMERICAN
EXPRESS

VOR DEN TOREN DER STADT

Die Île-de-France, das Kernstück Frankreichs rund um Paris, ist eine unaufgeregte, flache Landschaft. Kein Hügel ragt über 200 Meter hinaus. Die Höhepunkte heißen Rambouillet, Marly-le-Roi, Fontainebleau, Vaux-le-Vicomte, St-Germain-en-Laye, St-Denis und vor allem Versailles. Eines aber haben alle Orte gemein: Frankreichs Könige wurden hier geboren, haben hier gelebt, wurden hier zu Grabe getragen. Märchenhafte Inszenierungen waren ihnen allen nicht fremd – das verbindet sie mit dem König des Zeichentricks, Walt Disney. Kein Zufall also vielleicht, dass vor den Toren der Stadt auch für Donald und die Seinen ein Märchenschloss der Fantasie errichtet wurde.

DIE ÎLE-DE-FRANCE ist das Land der Schlösser. Unter all den Châteaus kann es an Pracht keines mit Versailles aufnehmen. Das gilt auch für den Park, wo abends die Brunnen feierlich beleuchtet werden.

IM KÖNIGLICHEN GEMÜSE- UND OBSTGARTEN, dem Potager du Roi im St-Louis-Viertel von Versailles, konnte Ludwig XIV. seinen geliebten Erbsen beim Wachsen zusehen.

DISNEY UND DIE KÖNIGE

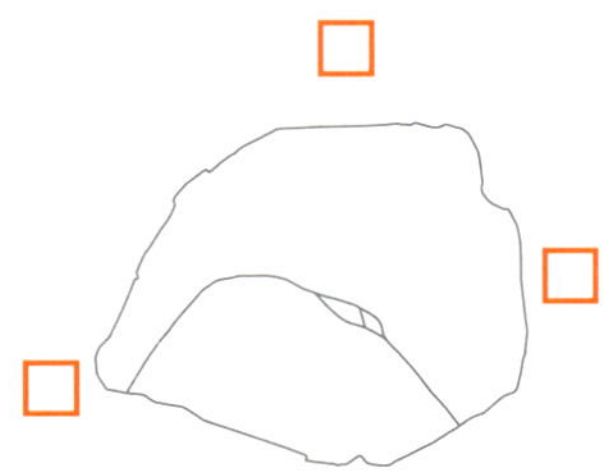

Nachts ist Versailles eine stille Stadt. Die breiten Avenuen, auf denen tagsüber der Verkehr pulsiert, liegen wie ausgestorben da. Ab und an suchen Autoscheinwerfer die zurechtgestutzen Lindenspaliere am Straßenrand ab. Alles wirkt wie eine Nummer zu groß geraten. Der Asphalt scheint zu breit, als dass man für eine Schaufensterauslage oder ein Café die Seite wechseln möchte; die Entfernung vom Hotel zur Place du Marché Notre-Dame, wo sich die wenigen in der Stadt nach Anbruch der Dunkelheit verbliebenen Touristen auf die Terrassen rund um die Markthalle flüchten, scheint unüberwindbar zu sein.

In Versailles, neben Disneyland übrigens der Besuchermagnet Nummer eins, ein Ort, an dem von der Häuserzeile des 19. Jahrhunderts bis zum postmodern angehauchten Hotel alle Architektur Schloss sein will, wo jede Mauer mit buttercremefarbenem Anstrich Ancien Régime signalisiert, fällt mit dem Ende der letzten Besichtigung der Vorhang. Zurück bleibt gähnende Weite. Auf sich selbst zurückgeworfen, verkriecht sich das Leben der knapp 100 000 Menschen zählenden Gemeinde hinter makellos zurechtgemachten Vorgärten und in Appartementhäuser, die mit prätentiösen Namen wie Versailles Grand Siècle gehobenen Standard und gepflegte Langeweile garantieren.

DER NIEDERGANG VON VERSAILLES Beim Tod des Sonnenkönigs im Jahr 1715 zählte die Stadt 30 000 Einwohner. Das Wachstum hielt bis zu jenem 5. Oktober 1789 an, an dem sich die vom revolutionären Eifer ergriffenen Massen Zugang ins Schloss verschafften und die königliche Familie nötigten,

EIN 20 000 KÖPFE zählender Hofstaat lebte unter Ludwig XIV. in Versailles. Der Sonnenkönig hielt den Hochadel in seinem Schloss wie in einem goldenen Käfig. Ziel der Kasernierung in den barocken Appartements war es, die Mächtigen des Landes unter direkte königliche Kontrolle zu stellen.

nach Paris umzuziehen. Louis-Philippe wandelte 1837 die vom Verfall bedrohte Bourbonenresidenz, deren ostentativer Luxus einmal die Herrscher ganz Europas vor Neid erblassen ließ, in ein nationales Museum um. Er ließ die Gemächer von Fürsten und Kurtisanen, die er, ein Kind noch, in den letzten Tagen des Ancien Régime betreten hatte, radikal umbauen und daraus ein Museum zur Geschichte Frankreichs machen, gewidmet »à toutes les gloires de la France«. So verkünden es seither die Inschriften an den Flügelbauten zur Cour Royale, deren Südseite die Reiterstatue des Sonnenkönigs flankiert. Alle Franzosen sollten sich nach dem Willen des Bürgerkönigs in Versailles an den Ruhmestaten der »grande nation« erbauen dürfen, doch das siegreiche bürgerliche Zeitalter kannte andere Vorlieben als den Schlüsselbau des Absolutismus. Versailles erweckte keine Sehnsüchte.

Nach dem desaströsen Ende des Second Empire zog die Regierung 1871 noch einmal für acht Jahre nach Versailles. Danach kamen hier nur noch Senat und Nationalversammlung alle sieben Jahre zur Wahl des Präsidenten zusammen, zuletzt freilich 1953 – zu selten allemal, um der Stadt neues Leben einzuhauchen. Auch die Soldaten der immerhin größten Garnison des Landes waren nicht zahlreich genug, um die monumentalen Achsen zu bevölkern.

BAROCKER TOURISTENMAGNET »Versailles ist eine unendlich edle, majestätische und triste Angelegenheit ... Die weite Leere der Place d'Armes, für deren Überquerung man lange Wege auf sich nehmen muss, scheint zwei völlig verschiedene Städte zu trennen. Die Straßen verlaufen schnurgerade und lassen nicht das Durcheinander alter Viertel zu, das den Charme französischer Städte ausmacht«: Pierre de Nolhac, der diese Zeilen seinen Erinnerungen vorangestellt hat, war um das Jahr 1900 Konservator im Schloss des Sonnenkönigs. Von ihm ging der entscheidende Anstoß aus, den Bau wieder in den Zustand zu versetzen, in dem Louis XVI. ihn 1789 verlassen hatte. Ganze Generationen von Konservatoren fanden Gelegenheit, ungestört Oper, Appartements der Königin und des Königs, Spiegelgalerie und Speisezimmer des Königs zu restaurieren.

Allmählich wurden die Touristen hellhörig. Bis zum Ersten Weltkrieg machte sich selten ein Parisbesucher die Mühe, in die sieche Königsstadt hinauszufahren. Zwischen den beiden Weltkriegen besichtigten gerade mal 30 bis 40 Personen am Tag das Schloss. Wer heute im Pulk über das Parkett gedrängelt, geschubst und von Fakten, Faken, Fakten beschallt wird, wünscht sich, es möge noch immer so sein. Die große Invasion begann

WAS DEN BESUCHERN Hochglanz gewienert und staubkornfrei präsentiert wird, verrät wenig über die wahren Lebensumstände in den feudalen Mauern. Die hygienischen Zustände stanken – gelinde gesagt – zum Himmel. Toiletten oder gar Bäder waren für die meisten Bewohner Fremdwörter.

BIGGER THAN VERSAILLES – DISNEYLAND!

in den 1970er-Jahren. Im Jahr 1985 überschritt die Besucherrate erstmals die magische Fünf-Millionen-Grenze. Heute werden bis zu 35 000 Eintrittskarten am Tag verkauft. Damit können fast 80 Prozent des für die Unterhaltung des Schlosses nötigen Jahresetats bestritten werden.

PROJEKT ›GRAND VERSAILLES‹ Als die französische Tageszeitung Le Figaro vor ca. 20 Jahren das Projekt ›Grand Versailles‹ vermeldete, hatten sich Stadt und Schloss gänzlich aus den Augen verloren. ›Grand Versailles‹ aber bedeutete nicht nur Bäumestutzen im Park sowie Multimedia im Boudoir, sondern vor allem ein Gesamtkonzept, mit dem Schloss und Stadt wieder zusammengeführt werden sollten. An ihrem Schnittpunkt, der immensen Place d'Armes, plante man ein unterirdisches Eingangszentrum mit Busparkplätzen, von denen der Besucher vorbei an Museumsboutiquen ins Schloss geleitet würde. Geschehen ist dann jedoch nichts. Veränderte politische Verhältnisse leiteten den mehrfachen Wechsel des Kulturministers ein. Hinzu kam eine gewisse Ermüdung angesichts der zahlreichen *grands projets*, die das Land in der Ära Mitterrand gesehen hatte. Nicht zuletzt herrschte Ebbe in den Kassen. Dann aber flossen endlich die Gelder für das Schloss der Schlösser. Frankreichs damalige Kulturministerin Catherine Trautmann nannte auch Zahlen: Über 400 Millionen Euro wurden für die zehn Jahre, bis 2011, währende Generalrenovierung bewilligt. Allererste Priorität hatte die Installierung von modernen Sicherheitssystemen. Und im Garten wurde die Wasserversorgung saniert, deren marodes System es nur noch erlaubte, sonntags die berühmten Brunnen rauschen zu lassen.

MÄRCHENSCHLÖSSER MADE IN AMERIKA »Urrrgks!«, »Wham!«, »Stöhn!«, »Grmpf!« So lautet das Grundvokabular, das jeder Besucher im Disneyland Resort beherrschen sollte, um sicher durch den Vergnügungsdschungel zu kommen, der rund 32 Kilometer östlich von Paris gelegen ist. Aber das dürfte wohl den meisten Disney-Fans noch aus frühester Jugend geläufig sein. Ausgerüstet mit ein paar Brocken Landessprache ist der Rest ein Kinderspiel. Wundern darf man sich dann allerdings nicht, weder über Alladin, der auf dem Teppich durch die Lüfte schwebt, noch über Flugelefanten mit zwei Plätzen zum Zusteigen oder abenteuerlich schnell rotierende Teetassen mit sogar vier Plätzen. Schon gar nicht über Mickey Mouse, der einen freundlich in die Arme nimmt (»Uiiih!«). Staunen darf man dagegen schon viel eher: über das Märchenschloss in

MAG SEIN, dass selbst dem Sonnenkönig dieses Schloss eine Spur zu rosa wäre. Und dann erst die goldenen Mäuseohren auf den Turmspitzen! Mon dieu, oder besser: Oh my god! Donald Duck, Mickey Mouse, Pluto und Goofy jedenfalls fühlen sich pudelwohl im Fantasieschloss. Kein Wunder, schließlich geben die Comicfiguren im Disneyland vor den Toren von Paris den schrillen Ton an. Da darf es beim Château de la Belle au Bois Dormant, dem Dornröschenschloss und zugleich zentralen Punkt des Vergnügungsparks, ruhig etwas mehr sein.

seiner kühnen Mischung aus Neuschwanstein und venezianischem Campanile; über ein bonbonrosafarbenes Schlosshotel, das ein wenig an ein übergroßes Tortenbüfett erinnert. Über die echten Bisons (aus Frankreich) und waschechten Cowboys & Indianer (aus Amerika) in ›Buffalo Bill's Wild West Dinner Show‹.

Ein wenig erschrecken darf man auch, wenn zum Beispiel rund 260 000 Liter Wasser die Felsen im ›Catastrophe Canyon‹ hinunter auf die Zuschauer zuwalzen (»Auweia!«). Oder bei den halsbrecherischen Acts der ›Moteurs Action! Stunt Show Spectacular‹, bei der waghalsige Fahrer mit dem Auto über Marktstände segeln und Revolverhelden bei einem Schusswechsel vom Dach fallen (»Splitter!«, »Krach!«). Ganz zu Schweigen vom Sturz durch den Fahrstuhlschacht im ›Tower of Terror‹ (»Wooosch!«).

THE SHOW MUST GO ON Tausend *imagineers*, neudeutsch Fantasy-Designer genannt, haben die Attraktionen von Disneyland entwickelt. Mehr als 12 000 Mitarbeiter sorgen dafür, dass die gigantische Spaßmaschinerie perfekt läuft. Versprochen hatte das Unternehmen übrigens 30 000 Arbeitsplätze, weshalb der Staat Autobahnanschluss und RER-Linie beisteuerte, Land enteignen ließ und zum Vorzugspreis weitergab – there's no business like show

VIELLEICHT HABEN DIE PIRATEN DER KARIBIK Mittagspause, zu sehen ist von den verwegenen Freibeutern gerade jedenfalls keiner. Also flott weiter zur nächsten Attraktion im ›Adventureland‹, einem von fünf Themenbereichen des Parc Disneyland, in dem auch Indiana Jones zuhause ist.

ALLE TAGE WIEDER gute Laune – so lautet das Geschäftsprinzip von Disneyland. Bei den aufwendigen Kostümparaden sind fast immer Mickey und Minnie mit dabei, das ungekrönte Königspaar des amerikanischen Märchenreichs. Ihr Job: Lächeln, lächeln und nochmals lächeln.

business. Apropos Show: Die Dauer aller täglichen Liveshows beträgt zusammengerechnet 14 Stunden.

13 MILLIONEN BESUCHER IM JAHR KÖNNEN NICHT IRREN Jährlich ziehen 500 Kostümparaden durch die Mainstreet des Disneyland Parks und die Studiokulissen der Walt Disney Studio Parks. Bis zu 600 verschiedene Kostüme sind pro Parade zu bewundern. Am Abend geht es mit Dinnershow oder dem ›Fantillusion Nighttime‹-Spektakel weiter, bei dem 400 000 Lampen leuchten. Ständig wird mit neuen Attraktionen nachgerüstet. Der Erfolg ist so gigantisch wie der Einsatz hoch. Nach anfänglichen Schwierigkeiten, den richtigen Ton für die europäische Klientel zu treffen, strömen jährlich rund dreizehn Millionen Besucher ins Disneyland: »Grübel!«, »Grübel!«, »Staun!« Bei allen Superlativen machte der Vergnügungspark vor allem in den Anfangsjahren durch massive finanzielle Probleme von sich reden. Das alles ist längst vergessen und der Vergnügungspark fester Bestandteil der Île-de-France – und mit 2000 Hektar Fläche nicht der kleinste. Hotels, Campingplatz, Outlet-Shoppingmall und ein Sealife-Aquarium machen aus dem Vergnügungspark ein echtes Reiseziel – viele Besucher setzen keinen Fuß nach Paris, sondern bleiben in der Kunstwelt.

DER LEGENDE NACH soll einst der Märtyrer Dionysius, nachdem er um das Jahr 250 auf dem Montmartre enthauptet worden war, mit seinem Kopf unter dem Arm hierher gewandert sein, um begraben zu werden: Tatsächlich gab es an der Stelle, wo heute die um 1130 neu errichtete Abteikirche Cathédrale Saint-Denis, Aufbewahrungsort der französischen Kroninsignien und die Grablege der fränkischen, später der französischen Könige steht, schon seit dem 1. Jahrhundert eine gallo-römische Siedlung.

BIS ZUM 17. JAHRHUNDERT war das Château de Vincennes (links die spätgotische Schlosskapelle) die Residenz der französischen Könige.

CHÂTEAU MIT METRO-ANSCHLUSS – VINCENNES

AUF DER METROLINIE 1, HALTESTELLE CHÂTEAU DE VINCENNES. Das Schloss ein paar Fußminuten weiter ist noch immer das Herz von Vincennes, das mit seinen 46 000 Einwohnern im Osten von Paris ans 12. Arrondissement grenzt. Der wehrhafte Bau stammt aus dem 14. Jahrhundert und diente nacheinander als königliche Burg, Gefängnis, Porzellanmanufaktur und militärische Festung. Vom 50 Meter hohen Donjon blickt man nach Paris und auf die spätgotische Sainte-Chapelle, die Burgkapelle im Innenhof. Abgesehen vom Château kommt Vincennes durch und durch bürgerlich daher. Die Kleinstadt gilt als bessere Wohnlage. Entsprechend gesittet geht es beim Sonntagsspaziergang im Bois de Vincennes zu, dessen 1000 Hektar Wald und Anlagen verwaltungstechnisch zu Paris gehören.

DIESE BEIDEN haben sich die Lesepause sicherlich redlich verdient: Die Besichtigungstour zu den Schlössern der Île-de-France kann schnell zum Sightseeing-Marathon ausarten. Im Schloss von Rambouillet wurde über die Kosovo-Befriedung verhandelt, in dem von Saint-Germain-en-Laye kam der Sonnenkönig zur Welt. In Vaux-le-Vicomte wurde der Style Louis XIV erfunden …

EIN PARK ALS SALON

Alle Anmut des Ancien Régime – Fontänen prusten zarte Wassersäulen hoch, rosa hinterleuchtete Wassermassen werden zu durchsichtigen Vorhängen, vergoldete Kandelaber machen den Park von Versailles zum Salon.

IM MARMORHOF

Herkules und Mars schauen auf die Uhr über der Cour de Marbre. Des Weiteren zieren Marmorbüsten, vergoldete Dachreiter und ein repräsentativer Balkon den Marmorhof.

HIER IST ALLES GOLD, was glänzt: In den Gemächern von Ludwig XIV. wurde im Schloss von Versailles auch ansonsten an nichts gespart. In der Chambre du Roi starb der Sonnenkönig 1715.

BLICK AN DIE DECKE: Wer schlichtes Weiß erwartet, ist falsch gewickelt. Barockes Treiben animiert die ausgemalten Decken, Allegorisches, Biblisches und den König Preisendes.

DER SONNENKÖNIG schaut dich an: Überall ist Ludwig XIV. im Schloss präsent, die totale Kontrolle war sein Herrschaftsprinzip. Die Krone über der Sonne betont die königliche Macht.

DIE OBERE ETAGE in der königlichen Schlosskapelle war der Herrscherfamilie vorbehalten. Unten drängelte sich der Hof. Marmor, Blattgold, Barockmalereien zieren das Gotteshaus.

RESIDENZ DER SUPERLATIVE – VERSAILLES

HELLE AUFREGUNG herrscht am 5. Mai 1682 – der Hof Ludwigs XIV. zieht nach Versailles um. Es dauert Wochen, bis die Karawane der Kutschen alle Mitglieder des Hofs sowie deren Bedienstete im neuen Schloss abgeliefert hat. Im Gefolge reisen alle mit, die sich von der Nähe zur Macht etwas versprechen: eine ganze Schar von antichambrierenden, bei Hofe nicht eingeführten Adeligen, Mätressen, Kreditgebern, ebenso Handwerker, Soldaten, Geistliche, Geheimpolizisten, Glücksritter und Gunstgewerblerinnen, schließlich Dienstboten und Dienstleister für jeden Bedarf, so auch Verleiher von Hut und Stock, mit denen ausgerüstet jeder Untertan Zutritt in den Schlosspark und die öffentlichen Hofgemächer erhält. Vor dem Umzug hatte Ludwig XIV. verfügt, wie die ums Schloss entstehende Stadt auszusehen habe. Gebaut wurde von der Stange, eingeschossig und mit vorgeschriebenem Dachstuhl à la Mansart.

VERSAILLES ist mehr als nur ein Schloss. Der Park mit französischen Gärten, Sichtachsen, Wasserspielen, Alleen, Kolonnaden und Lustschlösschen ist ein einzigartiges grünes Manifest des Absolutismus.

OBEN I »SPIEGLEIN, SPIEGLEIN IN DER HAND, wer ist die schönste Putte im ganzen Land?« Vielleicht dieses bronzene Exemplar, vielleicht auch die Putte im Hintergrund. So oder so ist alles eitel in Versailles, wo nur Vollkommenes seinen Platz hat. So wollte es der Sonnenkönig, so erwartet es heute der Besucher. Und deshalb wird ohne Unterlass renoviert und gewienert. RECHTS I DIE SUCHT nach dem schönen Schein beschwingt auch die vergoldeten Grazien, deren ganzes Streben es zu sein scheint, beim Präsentieren des Lüsters eine gute Figur zu machen. Was ihnen gelingt – *Versailles oblige.*

OBEN / UNTEN | RESIDIEREN AUF DEM LANDE: Wo Ludwig XV. einst seinen botanischen Garten hatte, wurde für Marie-Antoinette ein englischer Garten angelegt, zu dem auch ein idealisiertes Miniaturdorf samt Bauernhof, Molkerei, Mühle und Taubenhaus gehört, das Hameau de la Reine (›Weiler der Königin‹) genannt wird. RECHTS | EINEN GUTEN ÜBERBLICK verschaffte der 1783 errichtete Marlborough-Turm (eigentlich Tour de la Pêcherie), der nach dem im Königshaus beliebten Soldatenlied »Marlbrough s'en va-t-en guerre« (»Marlborough zieht in den Krieg«) benannt worden sein soll.

TRAITEUR
SPECIALITES YIDDISH
01.42.72.78.91
BOREK

PARIS UND DIE FRANZÖSISCHE KÜCHE

GRANDS CHEFS & BISTROS

KOSCHER NASCHEN kann man in der jüdischen Bäckerei Finkelsztajn. Auch alle anderen Küchen der Welt sind in Paris vertreten. Vom Thron der tonangebenden Cuisine lässt sich die französische Küche nicht stoßen. Für jeden großen französischen Koch führt der Weg zum Erfolg über Paris.

MIT INTERNATIONAL GEFEIERTEN GRANDS CHEFS vom Schlage eines Alain Ducasse oder Pierre Gagnaire verteidigt Paris seine Hoheit am Herd. Überhaupt, das Restaurant im modernen Sinn gilt als Kind der Französischen Revolution. Damals wurde das Zunftrecht im Bewirtungsgewerbe abgeschafft. Fortan durften die Wirte in ein- und demselben Lokal von der Suppe bis zum Dessert alle Speisen anbieten. Und dies *à la carte,* nach Wahl also. In den Gasthäusern wurde zuvor nur das aufgetischt, was der Wirt gerade auf dem Herd köcheln ließ. Mit dem Restaurant wird außerdem zum ersten Mal der Gast am Einzeltisch platziert. Um 1800 zählte man bereits 500 bis 600 der neuen Etablissements. Befeuert wurde die Entwicklung durch die seit der Revolution arbeitslosen Köche des Adels. Diese machten sich selbstständig, behielten den aufwendigen Kochstil bei, führten Rezepte und Zutaten in die bürgerliche Küche ein. In den Pariser Restaurants wurde damit auch die Haute Cuisine, die französische Hochküche, und der Grand Chef, der gottgleiche, als Genie verehrte Küchenchef, lanciert.

Selbst das Bistro soll in Paris erfunden worden sein. Russische Soldaten, die während der Befreiungskriege gegen Napoleon von 1816 bis 1818 Paris besetzt hielten, sollen mit dem Ruf »bystro, bystro« (»schnell,

DER MOELLEUX AU CHOCOLAT ist eine Desserterfindung des burgundischen Drei-Sterne-Kochs Bernard Loiseau. Dessen Name ist in Paris mit zwei Ablegerrestaurants vertreten, dem Tante Louise in der Nähe des Élysée-Palasts und dem Tante Marguerite hinter der Nationalversammlung – wo das Dessert auf der Karte steht.

schnell«) zu flotterer Bedienung aufgerufen haben. Das Bistro, früher Sinnbild eines kleinen Lokals mit unkomplizierter Küche, hat jedoch einen Bedeutungswandel durchlaufen. Michelin-Stern und Bistro schließen sich schon lange nicht mehr aus. An die Herkunft des Bistros erinnert noch der im Gegensatz zum Restaurant weniger offizielle Rahmen.

Elsässer, die nach der deutschen Annexion von Elsass-Lothringen 1871 nach Paris gekommen waren, eröffneten an der Seine die ersten Brasserien, zu Deutsch Bierbrauereien. Der durstlöschende Gerstensaft wurde zwar nur in Ausnahmefällen in Paris gebraut, doch Bier führte die Getränkekarten an. Auf den Speisekarten lernten die Pariser exotische Speisen wie Sauerkraut mit Würsten und Kassler kennen – das bis heute als *choucroute garnie* auf keiner Brasserie-Karte fehlen darf. Tout Paris strömte in die oft bahnhofshallengroßen Etablissements, in denen man zu jeder Zeit Austern, *steak tartare, petit salé aux lentilles vertes du Puy* (gesalzenen Schweinebraten mit grünen Linsen aus Le Puy), *pieds de cochon* (›Schweinefüßchen‹) und andere Brasserie-Klassiker bestellen konnte. Das wichtigste Erfolgsrezept aber heißt bis heute: Durchgehend warme Küche.

FRANKREICH, du hast es besser. Mehr Käsesorten als Tage im Jahr soll das Land produzieren, weshalb Präsident Charles de Gaulle es seltsamerweise für unregierbar hielt. Allein die Vielfalt an Ziegenkäsesorten ist enorm, wie diese Auslage einer Feinkosthandlung beweist.

EIN VIERTEL WEIN, ein bisschen Brot, ein knackiger Salat auf Blätterteig – was will man mehr? Falls doch, ist die Qual der Wahl groß. Restaurants gibt es in Paris an jeder Ecke. Fast jedes wirbt mittags mit einer *formule*, einer Kleinigkeit plus Wein oder Kaffee zum günstigen Preis.

HÄNDLERSTOLZ ist in Paris eine allseits geschätzte Tugend. Stolz präsentiert dieser Inhaber einer *épicerie fine* seine Käsesorten, die ordnungsgemäß auf Strohunterlagen präsentiert werden. Gelernt ist eben gelernt, und das nicht selten *de père en fils*, vom Vater zum Sohn.

OB IM ASCHEMANTEL GEREIFT, mit Calvados abgerieben, mit Kräutern gewürzt, ob hart, ob weich, ob frisch und cremig oder reif und stinkend, ob von der Kuh, vom Schaf oder von der Ziege: Jeder Käse passt zu irgendeinem Anlass oder Wein. Der Rest ist Geschmackssache.

AUSTERN sind reich an Proteinen, Vitaminen, Spurenelementen – und dick machen sie auch nicht. Aber nicht allein wegen dieser Vorzüge erfreuen sich die Schalentiere steigender Beliebtheit, sondern wegen des Geschmacks nach Meer und dem leichten Hauch von Luxus, der den Verzehr begleitet.

SOLIDES GASTRONOMISCHES NIVEAU, kein Krawattenzwang und das originale Jugendstil-Interieur sind die Erfolgsgaranten im Tante Louise. Das Restaurant ist ein Ableger des Drei-Sterne-Restaurants Bernard Loiseau im burgundischen Saulieu, aus dessen Nähe auch Julien Poisot, der Küchenchef der Tante Louise, stammt.

PARIS AUF EINEN BLICK

SEHENSWERTES VON A BIS Z | WISSENSWERTES

DUMONT KARTE
S. 70–95
DER NORDEN
Sacré-Cœur
S. 18–49
DAS ZENTRUM
Arc de Triomphe
Avenue des Champs-Élysées
S. 96–117
DER OSTEN
Musée du Louvre
Centre Pompidou
Musée du Quai Branly
Musée d'Orsay
Tour Eiffel
Place des Vosges
Notre-Dame
Jardin du Luxembourg
Panthéon
Boulevard du Montparnasse
S. 50–69
LA RIVE GAUCHE
S. 118–145
VOR DEN TOREN DER STADT

DAS ZENTRUM

ARC DE TRIOMPHE Im Westen markiert der Arc de Triomphe den Schlusspunkt der Champs-Élysées. Napoleon veranlasste den Bau des Triumphbogens nach dem Sieg in der Schlacht von Austerlitz 1806. Unter dem Bogen erinnert das Grabmal des unbekannten Soldaten an die Gefallenen des Ersten Weltkriegs (Place Charles de Gaulle, www.arc-de-triomphe.monuments-nationaux.fr).

CENTRE POMPIDOU Das 1977 eröffnete Centre Pompidou ist dank seiner Seventies-Raumschiffarchitektur eine Ikone der Moderne. Im Bau zeigt das Musée National d'Art Moderne einen Ausschnitt des 56 000 Werke umfassenden Fundus moderner Kunst (Place Georges Pompidou, www.centrepompidou.fr).

CHAMPS-ÉLYSÉES Gartenbauarchitekt Le Nôtre ließ 1670 eine Schneise von den Tuilerien durch den Wald im Westen schlagen – es war die Geburtsstunde der Champs-Élysées. Längs der Prachtachse, auf der am 14. Juli die Parade zum Nationalfeiertag abgenommen wird und die als Zielgerade der Tour de France dient, haben sich zwischen Luxushäusern internationale Filialisten breit gemacht. Einige Automobilhersteller sind mit coolen Showrooms vertreten. In Nr. 42: eine Ausstellungsspirale schraubt sich mit Modellen aus 90 Jahren Firmengeschichte nach oben.

GALÉRIES LAFAYETTE Das berühmteste unter den Pariser Kaufhäusern sind die im Jahr 1896 eröffneten Galéries Lafayette (40, Boulevard Haussmann, www.galeries-lafayette.com).

GRAND PALAIS Eine immense Glaskuppel überwölbt das Grand Palais, das wie die nahe Seine-Brücke Pont Alexandre zur Weltausstellung im Jahr 1900 entstanden ist. Genutzt wird das Bauwerk für Sonderausstellungen und Kunstmessen (Avenue Winston Churchill, www.rmn.fr).

NOTRE-DAME

HÔTEL DE VILLE Hinter der pompösen Neorenaissance-Fassade schaltet und waltet der Bürgermeister von Paris. Der Bau entstand nach dem durch die Pariser Commune 1871 gelegten Brand neu (29, Rue de Rivoli).

ÎLE ST-LOUIS Ein Dorf in der Stadt ist die Île St-Louis. Das barocke Gleichmaß der Gassen ist ein bevorzugter Wohnort Pariser Intellektueller und Künstler.

LA MADELEINE Die 1842 vollendete Kirche erinnert an einen antiken Tempel. Die Säulenreihen der Fassade nehmen architektonisch die an der Assemblée Nationale auf. Beide Bauwerke verbindet eine Sichtachse über die Seine (Place de la Madeleine, www.eglise-madeleine.fr).

LOUVRE Über acht Millionen Eintritte werden jährlich in Europas vielleicht bedeutendstem Museum verzeichnet. Macht dank seiner Highlights wie Leonardo da Vincis »Mona Lisa«, der »Venus von Milo« oder Davids Gemälde von Napoleons Krönung das meistbesuchte Museum der Welt. Grand Louvre heißt es seit der Neugestaltung in den 1980er-Jahren (Rue de Rivoli, Passage Richelieu, www.louvre.fr).

MUSÉE DE L'ORANGERIE Am westlichen Ende der Tuilerien zeigt das Musée de l'Orangerie Monets berühmte Seerosenbilder und Werke der Sammlung Walter-Guillaume, darunter einen Renoir oder einen Picasso (Jardin des Tuileries, www.musee-orangerie.fr).

MUSÉE D'ORSAY Dem Musée d'Orsay sieht man die Vergangenheit als Bahnhof an. Vordächer und riesige Ziffernblätter erinnern daran, dass bis 1939 Züge in die große Halle dampften. Seit dem Umbau des Bahnhofs zum Museum wird unter dem Stahl-Glas-Tonnengewölbe eine großartige Schau der Kunst der Jahre 1848–1914 gezeigt, darunter Werke von Degas, Monet, Manet, Rodin und Gauguin (62, Rue de Lille, www.museeorsay.fr).

MUSÉE DU QUAI BRANLY Mit dem 2008 eröffneten, von Jean Nouvel auf Betonstelzen über einen Tropengarten gesetzten Musée du Quai Branly wurde die Pariser Museumslandschaft um ein spektakuläres Haus bereichert. Hinter der zur Seine als hängender Garten konzipierten Fassade folgt man einem sich durch die Kulturen Afrikas, Asiens, Ozeaniens und Amerikas schlängenden Parcours (206–218, Rue de l'Université, www.quaibranly.fr).

NOTRE-DAME Das Meisterwerk der französischen Gotik wurde ab 1160 in knapp zwei Jahrhunderten vollendet. Über den drei Portalen der Kathedrale zeigt die Königsgalerie 28 biblische Herrscher – deren Originale während der Französischen Revolution beherzt zerschlagen und erst im 19. Jh. neu zusammengesetzt und ergänzt worden sind (Place du Parvis-Notre-Dame, www.notredamedeparis.fr).

OPÉRA GARNIER Die 1875 eröffnete Opéra Garnier ist ein Prunkbau des Second Empire inmitten der verkehrsumtosten Grands Boulevards (Place Charles Garnier, www.opera-deparis.fr).

PALAIS DE CHAILLOT Das zweiflügelige Palais de Chaillot entstand zur Weltausstellung 1937 im damals modischen Neoklassizismus. Der südliche Flügel ist für das **Musée de la Marine** (www.musee-marine.fr) reserviert. Im selben Flügel untergebracht ist das **Musée de l'Homme** (www.mnhr.fr). Ein drittes Museum im Palais de Chaillot, das **Cité de l'Architecture et du Patrimoine** (www.citechaillot.fr) feiert die französische Baukunst (Place du Tracadéro).

PALAIS DE L'ÉLYSÉE Einmal im Jahr darf das Volk dem Präsidenten im Palais de l'Élysée die Aufwartung machen. Zu den Journées du Patrimoine stehen die Tore zum 1718 erbauten Palais offen, das seit 1871 Amtssitz des Präsidenten ist. Das Palais war im 18. Jh. die Bleibe der königlichen Mätresse Madame Pompadour (55, Rue du Faubourg St-Honoré, www.elysee.fr).

PALAIS DE TOKYO Das Palais de Tokyo entstand im Rahmen der Weltausstellung von 1937. Im linken Flügel hat man das **Musée d'Art moderne de la Ville de Paris** (www.mam.paris.fr) untergebracht. Der rechte, unsanierte Flügel bietet im **Site de Création Contemporaine** (www.palaisdetokyo.com) dem Laboratorium junger avangardistischer Kunst ein angemessenes Ambiente (13, Avenue du Président Wilson, www.palaisdetokyo.com).

OPÉRA GARNIER, FOYER

PALAIS ROYAL Im ›königlichen Palais‹ residierte im 17. Jh. zunächst nicht der König, sondern Kardinal Richelieu. Erst später zog der junge Sonnenkönig ein – Versailles bestand noch nicht einmal auf dem Zeichenbrett. Heute schaltet und waltet der Kulturminister standesgemäß im Barockbau. Das Palais Royal wird von Ladenkolonnaden gesäumt. Im Ehrenhof überraschen weiß-schwarz geringelte Säulen, ein Werk des Künstlers Daniel Buren (Place du Palais Royal).

PETIT PALAIS Das Petit Palais, ein Relikt der Weltausstellung 1900, dient heute als städtisches **Musée des Beaux-Arts**. Die Sammlungen umfassen mittelalterliche Kunst und französische Maler von Barock und Rokoko (Boucher, Fragonard) bis zum Symbolisten Moreau (Avenue Winston Churchill, www.petitpalais.paris.fr).

PLACE DE LA CONCORDE An der Nordseite des immens weiten Platzes liegen das Luxushotel Crillon und das Marineministerium. Der 23 m hohe, 230 t schwere Obelisk auf der Platzmitte stammt aus dem Tempel von Pharao Ramses II. in Luxor und war ein Geschenk des ägyptischen Vizekönigs an Bürgerkönig Louis-Philippe. Während der Französischen Revolution rollten an selber Stelle mehr als 1100 Köpfe, darunter der von Robespierre.

PLACE VENDÔME Der Platz ist ein städtebauliches Meisterwerk, das im späten Louis XIV-Stil errichtet wurde. Zum Luxusort küren das elegante Ensemble Nobeladressen wie das Hotel Ritz und der Juwelier Cartier.

PONT NEUF Pont Neuf bedeutet auf Deutsch ›Neue Brücke‹. Sie verbindet seit 1604 die Île de la Cité mit beiden Seine-Ufern. Die 233 m langen Steinbögen tragen die älteste Brücke der Stadt.

SAINTE-CHAPELLE Ursprünglich diente die 1248 geweihte Sainte-Chapelle als gigantischer Reliquienschrein zur Aufbewahrung der Dornenkrone Christi. Die Sainte-Chapelle ist ein spätgotischer Schatzkasten. Während die Unterkapelle im 19. Jh. neu gestaltet wurde, überrascht die Oberkapelle als filigranes Farbwunder aus dem 13. Jh. (6, Boulevard du Palais).

TOUR EIFFEL Der 320 m hohe Turm wurde zur Weltausstellung 1889 von Gustave Eiffel (1832–1923) errichtet. Der stählerne Riese sollte ursprünglich wieder abgerissen werden. Doch der Erfolg des Eiffelturms bei Touristen und Einheimischen sprach dagegen. 2009 ist die Tour Eiffel zum 19. Mal neu gestrichen worden (www.tour-eiffel.fr).

TUILERIEN Die Parkanlagen der Tuilerien gehen auf Katharina von Medici zurück. Später gestaltete Gartenbauer Le Nôtre die Anlage in einen streng gegliederten französischen Park mit Lindenalleen und Wasserbassins um (Haupteingang Place de la Concorde).

LA RIVE GAUCHE

BIBLIOTHÈQUE STE-GENEVIÈVE Die Bestände der 1851 eröffneten Bibliothek gehen auf die Buchbestände der ehemaligen Abtei Ste-Geneviève zurück. Die Bibliothèque verfügt über einen der schönsten Lesesäle der Pariser Universitäten (10, Place du Panthéon).

CIMETIÈRE DU MONTPARNASSE Der Friedhof ist eine Oase der Stille mit den Gräbern prominenter Querdenker wie Charles Baudelaire oder Serge Gainsbourg (Boulevard Edgar Quinet).

FONDATION CARTIER POUR L'ART CONTEMPORAIN Einem Fanal der Moderne gleicht die Glas-Stahl-Konstruktion der Fondation Cartier pour l'Art Contemporain. Die Stiftung zeigt neben der eigenen Sammlung hochkarätige Ausstellungen zeitgenössischer Kunst (261, Boulevard Raspail, www.fondation.cartier.com).

HÔTEL DE CLUNY Das Hôtel de Cluny entstand im 15. Jh. als Repräsentanz der burgundischen Abtei Cluny. Der Bau dient heute als **Musée National du Moyen Age** (www.musee-moyenage.fr) und zeigt mittelalterliche Kunst. Angegliedert ist ein gallorömischer Thermenkomplex und zum Boulevard de St-Germain der frei zugängliche **Jardin médiéval** (6, Place Paul-Painlevé, www.musee-moyenage.fr).

HÔTEL DES INVALIDES Im Hôtel des Invalides demonstriert das **Musée de l'Armée**, wie wehrhaft die *grande nation* war und ist. Der von Ludwig XIV. beauftragte Bau diente ursprünglich als Heim für Kriegsveteranen. Unter der vergoldeten Kuppel des **Invalidendoms** ruht Napoleon im monumentalen Porphyrsarkophag (Place des Invalides, www.invalides.org).

INSTITUT DU MONDE ARABE Das filigrane Fassadenmuster des Institut du Monde Arabe stammt von Jean Nouvel. Das dortige Museum führt in arabische Wissenschaften, Architektur und Kunst ein (1, Rue des Fossés-Saint-Bernard, www.imarabe.org).

JARDIN DU LUXEMBOURG Der Jardin du Luxembourg ist der beliebteste Park der Stadt. Ein schattiges Plätzchen zum Abkühlen findet sich unter den Platanen der Fontaine Médicis, einer künstlichen Brunnengrotte im italienischen Stil (mehrere Eingänge, etwa Rue de Vaurigard oder Place Edmond Rostang).

MONTPARNASSE Das Viertel ergibt ein zweischneidiges Bild: Herrliche Belle Époque-Brasserien, lebendige Boulevards und charmante Künstlerkolonien auf der einen kontrastieren mit Brachialbauten der 1970er-Jahre und autobahnbreiten Asphaltschneisen auf der anderen Seite. Lebendig ist die Mischung in jedem Fall. Quirlige Hauptachse ist der Boulevard du Montparnasse.

MOSQUÉE DE PARIS Die Mosquée de Paris entstand in den 1920er-Jahren. Zum Gotteshaus gehören ein Hamamm und das Café Maure (Place du Puits-del'Ermite).

MUSÉE NATIONAL D'HISTOIRE NATURELLE Höhepunkt des Naturkundemuseums ist die Grande Galérie de l'Évolution: 3000 ausgestopfte Tiere, darunter afrikanische Elefanten, traben durch die Belle Époque-Halle (36, Rue Geoffroy-St-Hilaire).

PALAIS DU LUXEMBOURG Das für die Witwe von Heinrich IV., Maria de Medici, im 17. Jahrhundert erbaute Palais du Luxembourg dient heute dem Senat als Sitz (19, Rue de Vaugirard, www.senat.fr).

PANTHÉON Der Dom des auf einem Hügel thronenden Panthéon überragt das Quartier Latin. Seit 1885 dient die Kirche als Ruhmestempel für französische Berühmheiten. Voltaire, Rousseau, Marie Curie ruhen in der kalten Pracht (Place du Panthéon).

QUARTIER LATIN Im Universitätsviertel von Paris haben Sorbonne und Collège de France, an dem der Philosoph Michel Foucault und der Anthroploge Claude Lévi-Strauss gelehrt haben, ihren Sitz. Auch das Elite-Gymnasium Lycée Henri IV liegt im Quartier Latin. Entsprechend studentisch ist das Publikum auf der Straße und in den Bars, allen voran am Boulevard St-Michel.

ST-GERMAIN-DES-PRÉS *prés*, zu Deutsch Wiesen, umgaben die im 8. Jh. gegründete Benediktinerabtei St-Germain-des-Prés. Die Wiesen sind verbaut, es blieb der Name der Kirche, der für das Viertel übernommen wurde. St-Germain-des-Prés war in den 1950er-Jahren eine Hochburg der Pariser Bohème. Als grüne Lunge des Quartier lockt der Jardin du Luxembourg.

ST-SULPICE St-Sulpice verstrahlt die kalte Pracht eines ungeschlachten Barockbaus. Mit dem Bau wurde um 1650 begonnen, vollendet wurde er erst ein Jahrhundert später. Im Innern der Kirche hängen drei Bilder von Eugène Delacroix (Place St-Sulpice).

TOUR MONTPARNASSE Der 209 m hohe Turm wurde 1973 auf dem Gelände der abgerissenen Gare de Montparnasse errichtet und hält den Rekord als höchstes innerstädtisches Hochhaus (Place R. Dautry, www.montparnasse56.com).

DER NORDEN

SACRÉ-CŒUR

BASILIQUE DU SACRÉ-CŒUR Die Kirche wurde als Symbol für den Sieg über die Pariser Commune von 1871 errichtet. Das neobyzantinische Kuppelgebirge der Basilika (1876–1919) ist das meistverkaufte Postkartenmotiv der Stadt (Place du Parvis du Sacré-Cœur).

BATEAU LAVOIR Im Bateau Lavoir an der abschüssigen Place Emile-Goudeau wurde der Kubismus erfunden. Die ehemalige Klavierfabrik diente kurz nach 1900 einer Künstlerkolonie als Unterkunft, der unter anderem Pablo Picasso und Juan Gris angehörten. Heute sind hier die Ateliers von Kunsthandwerkern untergebracht (13, Place Emile-Goudeau).

CIMETIÈRE DE MONTMARTRE Der Cimetière de Montmartre ist die bevorzugte letzte Ruhestätte für Bürgerschreckkünstler. Als da wären Heinrich Heine, die Moulin Rouge-Tänzerin La Goulue, die Edelkurtisane Alphonsine Plessis (alias die Kameliendame) und Filmregisseur François Truffaut (Avenue Rachel). Außerdem liegen hier Théophile Gautier und Edgar Degas begraben.

FUNICULAIRE Seit 1934 im Einsatz ist der Funiculaire, die in der Zwischenzeit modernisierte Drahtseilbahn hoch zur Basilique du Sacré-Cœur (Place St-Pierre, www.sacre-coeurmontmartre.fr).

GARE DU NORD Die 1865 vollendete Gare du Nord ist ein Werk des aus Köln stammenden Architekten Jakob Ignaz Hittorff (Place Napoléon III).

GOUTTE D'OR Reben, die dem Viertel einst seinen Namen gaben, gibt es im ›Goldtropfen‹ *(goutte d'or)* nicht mehr. Dafür ein flirrendes Völkergemisch und Straßenszenen, die an das Marktviertel von Kinshasa erinnern. Paris? Liegt in manchen Gassen einen Kontinent weiter. So schnell nach Afrika kommt man jedenfalls in kaum einer anderen Stadt Europas (Place du Château Rouge).

MONTMARTRE Mit 129 m ist der Montmartre der zweithöchste Hügel von Paris. An die 30 Windmühlen standen einmal auf dem Gipfel. Geblieben sind zwei, der Moulin de Galette auf dem Hügel selbst, und die neonflackernden Flügel des Moulin Rouge am Fuß von Montmartre. Trotz des touristischen Erfolgs verleihen dem Viertel rumpelige Lebensmittelläden, Bistros mit abschüssiger Terrasse und vor allem die schräge Spezies

AN DER PLACE DU TERTRE

waschechter Pariser einen unwiderstehlichen Charme (Place du Tertre).

DER NORDEN

MOULIN DE LA GALETTE Der nun schon fast 370 Jahre alte Moulin de la Galette ist die letzte erhaltene Kornmühle auf dem Montmartre. Im 19. Jh. diente der Bau samt Garten als Ballhaus und Gartenkneipe (Ecke Rue Lepic/Rue Girardon).

MOULIN ROUGE French Cancan und viel nackte Haut gehören noch immer zum Programm des erfolgreichsten, 1889 gegründeten Pariser Cabarets (Auslastung: 95%!). Sicherlich hilfreich für die Geschäftszahlen war auch der mit Nicole Kidman besetzte, mit zwei Oscars gekürte gleichnamige Film von 2001 (82, Boulevard de Clichy, www.moulinrouge.fr).

MUSÉE DE L'ÉROTISME Im Musée de L'Érotisme in der Pigalle wird erotische Kunst aus allen Kulturkreisen und eine Fotoausstellung über die in Frankreich seit 1946 verbotenen sogenannten *maisons closes*, Bordelle, gezeigt. Vom alten Schmuddelimage abgewandt hat sich SoPi (South Pigalle), der südliche Teil von Pigalle. Im Umfeld der Place Lino Ventura entstehen coole Neo-Bistros, Designläden, Boutiquehotels (72, Boulevard de Clichy, www.museeerotisme. com).

MUSÉE DU MONTMARTRE Im Musée du Montmartre hat Auguste Renoir ab 1875 gemalt, später auch Utrillo. Die Sammlung umfasst eine alte Bistro-Theke, Porzellan, Erinnerungsstücke der Belle Époque – von den Fenstern schaut man auf die Reben des Clos de Montmartre (12, Rue Cortot, www.museemontmartre.fr).

PIGALLE Topless-Shows, Pornokinos, Sexshops sind auf dem Rückzug, Geschäfte für Musikinstrumente hingegen – etwa 60 haben sich im Umkreis der Rue Victor-Massé, Rue Fontaine und Rue de Douai angesiedelt – auf dem Vormarsch. Szenekneipen und Bühnen locken besonders eine junge Klientel ins Viertel. Fazit: Das alte Pigalle ist tot, es lebe SoPi, das neue In-Quartier South Pigalle (Place Pigalle).

PLACE DES ABESSES Die Place des Abesses punktet bei Besuchern mit einem der letzten beiden originalen Metroeingängen von Hector Guimard, gusseisernem Brunnen und mit Mosaiken verzierter Art Déco-Kirche. Auf der Nordseite schließt der Square Jehan-

MOULIN ROUGE

Rictus an den Platz an. Ein Emailletafel-Kunstwerk von Frédéric Baron und Claire Kito übersetzt *Je t'aime* in 250 Sprachen.

PLACE DU CAIRE Steinerne Sphinxen bewachen an der Place du Caire den Eingang zur Passage du Caire, eine Reverenz an Napoleons erfolgreichen Ägyptenfeldzug von 1798.

PORTE ST-DENIS Die Porte St-Denis erinnert an einen Triumphbogen: Mit dem Bau feierte sich Ludwig XIV. als erfolgreicher Feldherr. Die Reliefs thematisieren die Einnahme deutscher Städte während des Rheinfeldzugs. Der 1672

PLACE DES ABESSES

errichtete Bogen bekam zwei Jahre später mit der Porte St.Martin ein städtebauliches Pendant (Boulevard St-Denis und Boulevard St-Martin).

RUE ST-DENIS Die Rue St-Denis ist eine der ältesten Straßen von Paris mit entsprechend alter Bausubstanz vom Spätmittelalter bis in die Moderne. Zwischen Rue Turbigo und der Porte St-Denis werden die Bürgersteige seit Jahrhunderten für das angeblich älteste Gewerbe der Welt genutzt. Shirley MacLaine soll sich Anfang der 1960er-Jahre vor den Dreharbeiten zu »Das Mädchen Irma la Douce« eine Woche unter den Prostituierten umgehört haben, um im Film den richtigen Ton zu treffen.

SENTIER Das Viertel gilt seit dem 19. Jh. als Herz der Pariser Prêt-à-porter. Die Nähmaschinen rattern noch immer in den engmaschigen Gassen. Doch das ganz große Geschäft verlagert sich zusehends vom Sentier nach Fernost. Nachschauen, was demnächst Mode sein wird, kann man in den Schaufenstern jedoch noch immer. Kaufen hingegen nichts: Die meisten Läden geben ihre Ware nur an Grossisten ab.

DER OSTEN

BASTILLE Im Faubourg St-Antoine erinnern Passagen und Hinterhoflabyrinthe an die Vergangenheit des Viertels: Östlich der Place de la Bastille fertigten früher Hunderte von Möbelschreinern das Mobiliar für die Pariser Haushalte an. Auf dem Platz selbst erhob sich bis zur Französischen Revolution die als Gefängnis genutzte, berüchtigte Bastille-Festung. Ihre Erstürmung machte am 14. Juli 1789 Geschichte (Place de la Bastille).

BELLEVILLE Im »roten Osten« von Paris gibt es keine großartige Architektur, dafür viel echtes, unaufgetakeltes Paris zu erleben. Schmuddelcharme und Avantgarde-Chic harmonieren in der Szenehochburg Belleville aufs Beste (Rue de Belleville, Boulevard de la Villette und de Belleville).

BERCY An den Seine-Kais von Bercy wurden früher Wein, Getreide, Holz vom Kahn gelöscht. Mit dem Umzug des Wirtschafts- und Finanzministeriums in den Südosten von Paris begann der Wandel. Großbaustelle um Großbaustelle veränderte sich das früher von Hafenanlagen und Lagerhäusern geprägte Bild. Fast immer kam ein namhafter Architekt zum Zug (Quai de Bercy, Place des Vins de France).

BIBLIOTHÈQUE NATIONALE FRANÇOIS MITTERRAND Die gläsernen Büchertürme der Bibliothèque Nationale François Mitterrand sind ein Entwurf von Dominique Perrin. Die vier L-förmigen Türme hüten an die 15 Millionen Bücher (Quai François Mauriac, www.bnf. fr).

CIMETIÈRE DU PÈRE-LACHAISE Die Liste der unter den Bäumen begrabenen Prominenten scheint endlos. Für den Komponisten Frédéric Chopin, die Tragödin Sarah Bernhardt, die Romanciers Honoré de Balzac und Marcel Proust oder das Schauspielerpaar Simone Signoret und Yves Montant gab es nur eine letzte Ruhestätte: den Friedhof von Père-Lachaise. Auf dem Grab von Jim Morrison flackern stets Kerzen (16, Rue du Repos).

CITÉ DE LA MODE ET DU DESIGN Neuestes Prestigeobjekt im boomenden 13. Arrondissement ist die Cité de la Mode et du Design. Unter das schwungvolle, begrünte Holzdach zieht u.a. das Französische Modeinstitut. Hinzu kommen Dauer- und Sonderausstellungen zu Mode und Design (36, Quai d'Austerlitz).

CITÉ DE LA MUSIQUE Auf dem Parkgelände am Canal de l'Ourcq entstand die Cité de la Musique mit Konservatorium, Konzertsälen und dem 4500 Instrumente hütenden Musée de la Musique (Place de la Porte de Pantin, www.cite-musique.fr).

CITÉ DES SCIENCES ET DE L'INDUSTRIE Die interaktive, 1986 eingeweihte Cité des Sciences et de l'Industrie entstand auf dem ehemaligen Schlachthofgelände von La Villette. Daran erinnert im Süden des Wissenschafts- und Industrieparks die über 100 Jahre alte Grande Halle: Die ehemalige Viehhalle dient als multimedialer Veranstaltungssaal. Höhepunkte des Besuchs sind das 180°-Kino La Géode und das Planetarium (30, Avenue Corentin-Cariou, www.cite-sciences.fr).

HÔTEL CARNAVALET Aus der Renaissance stammt das schöne Hôtel Carnavalet, dessen feudaler Rahmen als Museum zur Stadtgeschichte von Paris genutzt wird (23, Rue de Sévigné, www.carnavalet-paris.fr).

LA VILLETTE Um 1750 war der Stadtteil noch ein Dorf vor Paris mit 750 Einwohnern. Während der Industrialisierung boomte La Villette: Über den Canal de l'Ourcq war das Viertel an die Seine angeschlossen, und in die städtischen Schlachthöfe wurden täglich ganze Herden getrieben (Avenue Jean-Jaurès).

MARAIS Barocke *hôtels particuliers* sind das Wahrzeichen des Marais. Die ehemaligen Stadtpalais des Adels wurden in den 1970er- und 1980er-Jahren aufwendig saniert, in einigen der prachtvollen Gemäuer entstanden Museen, in anderen Flagshipstores (Hauptachse Rue des Francs-Bourgeois).

MUSÉE EDITH PIAF Im Musée Edith Piaf sieht man noch das kleine Schwarze auf der Schneiderpuppe (5–7, Rue Crespin-du-Gast).

MUSÉE NATIONAL PICASSO PARIS Das Musée National Picasso Paris zeigt im 350 Jahre alten Hôtel Salé einen Querschnitt durch das Werk des Katalanen (5, Rue de Thorigny, www.musee-picasso.fr).

OPÉRA BASTILLE Zur 200-Jahr-Feier der Großen Revolution von 1789 wurde die Opéra Bastille an der gleichnamigen Place eröffnet. Der Bau von Carlos Ott ist ein Prestigeobjekt aus der Ära Mitterrand (120, Rue de Lyon, www.operadeparis.com).

PARC DE BERCY Den Parc de Bercy (Quai de Bercy) umgeben futuristische Wohnbauten und die Cinémathèque Française von Frank O. Gehry (www.cinematheque.fr). Fußgängern vorbehalten ist die Seine-Brücke Passerelle Simone de Beauvoir.

PLACE DE LA BASTILLE Die Place de la Bastille wird in der Mitte von der Juli-Säule gekrönt, die an die Revolution von 1830 erinnert. Am 14. Juli 1789 stürmten hier revolutionäre Massen die Bastille-Festung, die komplett abgetragen wurde.

VOR DEN TOREN DER STADT

DISNEYLAND

Herzstück von Europas einzigem Disneyland ist der in fünf Themen unterteilte Disneyland Park mit dem neuschwansteinhaften Märchenschloss als Wahrzeichen. Unter den über 50 Attraktionen stechen der ›Space Mountain‹, ›Indiana Jones and the Temple of Peril‹ und der ›Big Thunder Mountain‹ hervor. In den Disney Studios erlebt man hautnah, wie die berühmten Filme der Disney Studios in Amerika entstehen.

MARLY-LE-ROI

Kleinstädtisch und nobel wirkt der 17 000-Einwohner-Ort an der Seine. Vom Schloss blieb nach dem Abriss Anfang des 19. Jh. nur noch wenig übrig. In Marly-le-Roi steht das Modell der berühmten Machine de Marly, einer Pumpe mit 12 gewaltigen Wasserrädern zur Wasserversorgung der Parks von Versailles und Marly, die im 18. Jh. als achtes Weltwunder gehandelt wurde (Parc de Marly, www.marlyleroi-tourisme.fr).

ST-DENIS

»Friedhof der Könige« wurde die heute 95 000 Einwohner zählende Stadt im Norden von Paris im Mittelalter genannt. Vom 7. Jh. bis zu Ludwig XVIII. haben alle französischen Königshäuser ihre gekrönten Häupter in der Abteikirche begraben lassen. St-Denis ist heute eine Trabantenstadt mit Wohntürmen und den üblichen Problemen der Vorstadt. Die **Cathédrale Saint-Denis** mit dem eintürmigen Westwerk ist eine der frühesten gotischen Anlagen in der Île-de-France (12. Jh.). 42 Könige, 32 Königinnen und 63 Prinzen ruhen in der ehemaligen Abteikirche, zum größten Teil unter monumentalen, reich verzierten Grabmälern. Mannshohe Stahlstelen markieren den *parcours historique* durch die Stadt. Er führt zur Markthalle, zur fast ganz aus Holz gebauten **Maison des Arbalétriers** (18. Jh.) und zum **Stade de France** (www.stadefrance. com). Im scheinbar schwerelosen, schwebenden, gleichwohl mit 32 000 t Stahl gebauten Sportstadion finden 80 000 Zuschauer Platz.

VERSAILLES

Die 88 000-Einwohner-Gemeinde Versailles im Westen von Paris entstand ab 1671 als barocke Planstadt, um die Bediensteten des Hofs unterzubringen. Es wurde im großen Stil geplant: Die zentrale Avenue de Paris übertrifft an Breite selbst die Avenue des Champs-Élysées.

CHÂTEAU DE VERSAILLES 1668 ließ der Sonnenkönig den Grundstein für das größe Schloss Europas legen. Die Architekten waren Louis Le Vau und Jules Hardouin-Mansart, Charles Le Brun entwarf die Innenausstattung (www.chateauversailles.fr). Zum klassischen Rundgang ›Grands Appartements du Roi et de la Reine‹ gehören die offiziellen Prunkgemächer des Königs und der Königin, Kapelle und Oper im Nordflügel, die 73 m lange, mit 357 Spiegeln, Malereien und Vergoldungen an Prunk überbordende Galérie des Glaces (Spiegelsaal) auf der Parkseite des Mittelbaus, sowie die Galérie des Batailles mit der Darstellung aller von 496 bis 1809 für Frankreich siegreichen Schlachten. Der Schlosspark ist ein Paradebeispiel eines französischen Parks mit akkuraten Blumenbeeten, Alleen und Wegen in geometrischem Plan, dramatisch inszenierten Wasserspielen, -bassins und -kanälen. An den weitläufigen, von Le Nôtre konzipierten Park schließt sich die Domaine de Marie Antoinette an. Dazu zählt der **Hameau** (1783), ein Weiler mit strohgedeckten Häusern, Teich und Mühle, der dem im späten 18. Jh. entwickelten Ideal einer bäuerlichen Idylle entspricht. Das nahe, klassizistische **Petit Trianon** wurde 1762–1768 für die königliche Mätresse Madame Pompadour gebaut. Das elegante, italienisch anmutende **Grand Trianon** von 1687 diente Ludwig XIV. für gemeinsame Stunden mit Madame de Maintenon.

BRUNNEN IM PARK VON VERSAILLES

QUARTIER ST-LOUIS In der Stadt blieb mit dem Quartier St-Louis ein komplettes Viertel aus dem 18. Jh. erhalten, zu dem **Potager du Roi**, der königliche Gemüse- und Obstgarten gehört (www.potager-du-roi.fr). Die Weite der **Place d'Armes** schiebt sich zwischen Stadt und Schloss. An der Ostseite des Platzes zeigt das **Musée des Carosses** Prunkkutschen (1, Avenue Rockefeller).

VINCENNES

Die 46 000-Einwohner-Gemeinde schließt im Osten von Paris ans 12. Arrondissement an. Das **Château de Vincennes** ist ein wehrhafter Bau aus dem 14. Jh. Er diente nacheinander als königliche Burg, Gefängnis, Porzellanmanufaktur und militärische Festung.

EIN ÜBLICHES BILD vor Pariser Restaurants: Dem Gast bietet sich ein reichhaltiges Angebot an Speisen für ein Menü – wenn die Hektik des Alltags es zulässt.

WISSENSWERTES

DATEN UND FAKTEN

STADTGEBIET: Das Stadtgebiet umfasst rund 105 Quadratkilometer. Von Norden nach Süden beträgt die Ausdehnung 9,5, von Westen nach Osten 11 Kilometer. Trotz der Lage in einer Senke akzentuieren Hügel das Stadtbild. Die höchsten davon, der Montmartre und die Buttes Chaumont, erreichen zwischen 130 und 148 Meter. Die Seine teilt das Stadtgebiet auf 12,7 Kilometern in Rive Gauche und Rive Droite (linkes und rechtes Ufer). Ihre Breite variiert von 30 Metern am Petit Pont bis zu 200 Metern am Pont de Grenelle.

EINWOHNER: In den im Jahr 1860 festgesetzten 20 Arrondissements (Bezirke) innerhalb der Périphérique zählt Paris 2,1 Millionen Einwohner. Knapp 18 % davon sind Ausländer und unter diesen Asiaten am zahlreichsten. Hinzu kommen 11,5 Millionen Menschen im Großraum Paris (Île-de-France). Mit knapp 20 500 Einwohnern pro Quadratkilometer zählt die Stadt zu den am dichtesten besiedelten Ballungsräumen der westlichen Welt. Die Verteilung ist höchst unterschiedlich: Während im einwohnerstärksten 15. Arrondissement 225 000 Menschen leben, sind es im 1. Arrondissement keine 20 000.

VERWALTUNG: Paris ist zugleich ein Département mit der Kennziffer 75, Kommune und französische Hauptstadt. Jedes Arrondissement hat ein Rathaus mit Bezirksbürgermeister. Der Bürgermeister von Paris wird von den 163 Stadträten des Conseil de Paris gewählt.

WIRTSCHAFT: Paris ist eine Stadt des Dienstleistungsgewerbes, des Finanzsektors und der Verwaltung. Mit 27 Millionen Besuchern pro Jahr spielt der Tourismus eine entscheidende wirtschaftliche Rolle. Außerhalb der Périphérique beginnt mit der Île-de-France eine von Europas wirtschaftsstärksten Regionen.

GESCHICHTE

3. JH. V. CHR. Der keltische Stamm der Parisii siedelt auf der heutigen Île de la Cité.

52 V. CHR. Cäsar erobert im Gallischen Krieg die keltische Siedlung, die der Feldherr Lutetia nennt. Unter den Römern weitet sich Lutetia aufs linke Seine-Ufer aus.

508 Nachdem Frankenkönig Chlodwig den letzten römischen Stützpunkt Galliens zerstört hat, wählt er Paris zur Hauptstadt.

771 Unter Karl dem Großen verliert Paris die Rolle als Hauptstadt des Karolingerreichs zugunsten von Aachen.

9. JH. Hugo Capet, Graf von Paris, lässt sich in Reims zum König des westlichen Karolingerreichs krönen. Als Hauptstadt wählt er Paris.

12. JH. Paris wird mit einer Stadtmauer geschützt, der Louvre befestigt. Die Stadt erhält mit der Sorbonne die erste Universität.

1163 wird mit dem Bau von Notre-Dame begonnen.

1239 Ludwig IX. bringt die Dornenkrone Christi aus Konstantinopel nach Paris. Die Stadt steigt zum Pilgerziel auf.

1338–1453 Mit dem Beginn des Hundertjährigen Kriegs gegen England verlegen Frankreichs Könige ihr Machtzentrum an die Loire.

1527 Franz I. verlegt die Residenz zurück nach Paris.

1572 Das Massaker in der Bartholomäusnacht kostet in Paris 2000 Hugenotten das Leben. Es ist der blutige Höhepunkt der von 1562–1598 tobenden Religionskriege zwischen Katholiken und Protestanten.

1682 Unter Ludwig XIV. zieht der Hof nach Versailles um.

1789 Mit dem Sturm auf die Bastille beginnt die Französische Revolution. Frankreich wird Republik mit der Hauptstadt Paris.

1804 Napoleon setzt sich in Notre-Dame selbst die Kaiserkrone auf.

1848 Die Februarrevolution endet mit der Gründung der Zweiten Republik. Amtssitz des Präsidenten wird der Élysée-Palast.

1852–1870 Im Zweiten Kaiserreich unter Napoleon III. baut Baron Haussmann die Stadt Paris zu einer modernen Millionenmetropole aus. In diesem Zusammenhang entstehen auch die großen Boulevards.

1871 Frankreich kapituliert im Deutsch-Französischen Krieg. In Paris bricht mit der Kommune ein Aufstand los, der den Weg in die Dritte Republik ebnet.

1889/1900 Zwei Weltausstellungen machen Paris zur Hauptstadt des 19. Jahrhunderts.

1919 Der Friedensvertrag von Versailles regelt die Schuld-, Reparations- und Territorialfragen nach dem Ersten Weltkrieg.

1940–1944 Paris wird von deutschen Truppen besetzt.

1968 Die Mai-Unruhen haben ihren Ursprung an den Pariser Universitäten.

1981–1995 Während der Amtszeit von Präsident François Mitterrand entstehen u. a. die Glaspyramide des Louvre, die Oper an der Bastille, die Grande Arche von La Défense.

1995 Jacques Chirac, langjähriger Bürgermeister von Paris, wird Präsident der Republik.

2001 Der sich offen zu seiner Homosexualität bekennende Sozialist Bertrand Delanoe wird zum Bürgermeister gewählt.

2006 Mit der Eröffnung des Musée du Quai Branly bekräftigt Paris den Anspruch als Kulturmetropole.

2008/2009 Anfang 2008 stellt Präsident Nicolas Sarkozy den weit in die Zukunft weisenden Plan ›Grand Paris‹ vor, der den Großraum Paris neu strukturieren soll. Es geht u. a. um die nachhaltige Entwicklung gemäß dem Kyoto-Protokoll.

REGISTER

IM CITROËN SHOWROOM: Eine Reise durch die Geschichte des französischen Automobils.

IMPRESSUM

KONZEPT, GESTALTUNG, BILDREDAKTION
Grubbe Media GmbH | agenten.und.freunde, München

ART DIRECTION
Iris Streck, München

TEXTE
Klaus Simon

PREPRESS
PPP, Pre Print Partner GmbH & Co KG, Köln

EXKLUSIVFOTOGRAFIE
Frank Heuer | DuMont Bildarchiv

WEITERES BILDMATERIAL
Frank Heuer: S. 114 u. l., 128, 131, 140 u.
i-stock/Elena Korenbaum: S. 42 u. Mitte; Sarah Dusautoir: S. 136 u. l. und u. r.; Penfold: S. 163 u. Mitte; Yin Yang: S. 143; Susanne Fieramosca Naranjo: S. 145 u. l.
Laif/Amme: S. 29 u. r.; Maisant: S. 35 u. r.; Biancotto: S. 49 u. l.; Andreas Fechner: S. 50; Hemis: S. 59; Patrick Escudero: S. 62 o. und u. Mitte; Pierre Adenis: S. 62 u. r.; Sylvain Sonnet: S. 63, 112 o.; Alain Aubert: S. 67; Fred Thomas: S. 75, 100, 111; Hemispheres: S. 80 u. l., 112 u. l.; Jarry Tripelon: S. 80 u. r.; Risler Jean-Didier: S. 83; Gardel Bertrand: S. 87; Gerald Haenel: S. 88 u. l.; Jarry Tripelon: S. 88 u. Mitte; Rea: S. 104; Gilles Guittard: S.105; Arnaud Chicurel: S. 113; Jean-Erick Pasquier: S. 112 u. Mitte; Markus Schilder: S. 112 u. r.; Berthold Steinhilber: S. 138
Look/Karl Johaentges: S. 84/85
Mauritius/Ernst Wrba: S. 18/19; CuboImages: S. 57; Photo-nonstop: S. 58; Rene Mattes: S. 88 o.
Picture-alliance/dpa/epa AFP Guez: S. 103 o.
Thomas Roetting: S. 32/33

S. 34 Mitte: Niki de Saint Phalle: Fontaine Stravinsky,
© VG Bild-Kunst, Bonn 2010

TITELBILD/SCHUTZUMSCHLAG
Vorderseite: Eiffelturm (Mauritius Images/Eyecandy pro)
Rückseite: Pont Neuf (Frank Heuer | DuMont Bildarchiv)

1. Auflage 2010

www.dumontreise.de

Printed in Germany

ISBN 978-3-7701-8906-9